Manfred Breitinger

Es geschah … unvergessen im Verborgenen.

Ein anderer Kriminalroman zwischen unbeschwertem Jungsein und schuldbelastetem Alter

Manfred Breitinger

Es geschah ... unvergessen im Verborgenen

Ein anderer Kriminalroman zwischen unbeschwertem Jungsein und schuldbelastetem Alter

Rediroma-Verlag

Bibliografische Information der Deutschen Nationalbibliothek:
Die Deutsche Nationalbibliothek verzeichnet diese Publikation in der Deutschen Nationalbibliografie; detaillierte bibliografische Daten sind im Internet über http://portal.dnb.de abrufbar.

ISBN 978-3-98527-036-1

Umschlagillustration:
Massimo Salesi (shutterstock.com)

www.rediroma-verlag.de
8,95 Euro (D)

Inhalt

Erster Akt 7

(1) Er steht zwei Mal in der Zeitung

Alle werden eingeladen 8

Vorspiel (1974) 14

(2) Alle wollen, alle sollen, alle können. 15

(3) Am Morgen ist die Welt nicht mehr in Ordnung 33

(4) Sie sind betroffen, alle Fragen offen 48

Zweiter Akt (2020) 64

(5) Bernd kommt sich sehr ehrbar vor 65

(6) Irmgard schimpft auf die Hormone 78

(7) Erwin erinnert sich an seinen ersten Kuss und Susanne will nicht über Politik diskutieren 85

(8) Alfred tigert durch den Wald 96

Letzter Akt (2020) 104

(9) Einfach drauf los quasseln, schwätzen 105

(10) Theoretisch wollen alle beste Freunde sein 116

(11) Inge will was für den Kreislauf tun.......123

Nachspiel 133

(12) Die Welt wird so nicht untergehen........134

(13) Was geschah? Was ist ausgedacht? Und dankeschön 145

Erster Akt

(1) Er steht zwei Mal in der Zeitung
Alle werden eingeladen

Inges Hand zittert. Die überregionale Zeitung aus der Landeshauptstadt sinkt langsam auf ihren Schoß. Als altgediente Gemeinderätin in Mühlenstein war sie beim Studium der Todesanzeigen nie sonderlich betroffen, es sei denn, es ging um Kinder oder Jugendliche. Dieses Mal ist es kein junger Mensch, dessen Ableben angezeigt wurde. Es ist auch kein Mensch, mit dem sie in letzter Zeit auch nur sporadisch Kontakt gehabt hätte.

Ihr Atem stockt, ihr Herz ebenso und ihr Blick wird magisch von den Anzeigen angezogen. Und doch schaut sie wie im Nebel durch die Schrift hindurch, hinein in längst vergangene Zeiten.

Der Tod Robert Singers, ihr Schulkamerad bis zum Abitur, wird angezeigt. Einmal vom Oberschulamt mit anerkennenden Hinweisen auf seine Ehrenämter und die kompetente Mitarbeit bei den Lehrerfortbildungen. Er war Oberstudiendirektor am städtischen Gymnasium in Bergheim, wo er Erdkunde und Französisch unterrichtete. Da muss Inge kurz schmunzeln. Die französische Sprache war in der Schulzeit nicht gerade Roberts Stärke. Er wurde aber nie müde, seine Vorliebe für das französische Savoir-vivre zu betonen. Mit der Anzeige daneben geben seine Ehefrau und die

Kinder, auch Freunde der Familie, an, dass sie einen wertvollen Menschen verloren haben und dass dieser am Samstag in einer Woche auf dem Friedhof bei der Josefskirche in Bergheim um elf Uhr beerdigt werde. Von Beileidsbekundungen solle man absehen.
Es soll ein tragischer Unfall gewesen sein. Vor ein paar Tagen hat Inge in der überregionalen Tageszeitung einen Bericht über einen Verkehrsunfall auf der bekannt gefährlichen vierspurigen Schnellstraße von der Landeshauptstadt zur Schwäbischen Alb gelesen. Am späten Abend war ein siebenundsechzigjähriger Fahrer mit seiner Peugeot-Limousine ungebremst rechts auf einen Brückenpfeiler aufgefahren, anscheinend ohne Fremdeinwirkung, allerdings schleuderte der Wagen zuvor. Am Wagen entstand Totalschaden. Der Fahrer musste mit lebensgefährlichen Verletzungen mit dem Hubschrauber in die nächste Klinik geflogen werden, wo er nach zwei Tagen seinen Verletzungen erlag. Die Polizei bemüht sich herauszufinden, ob technisches oder menschliches Versagen die Ursache ist.

Inge Braun schnauft hörbar auf. Ja, der Robert, das war einer, den man nie vergisst, auch wenn man ihn schon seit gut vierzig Jahren kaum mehr gesehen hat.

1972 war ein sehr ereignisreiches Jahr. Im Juli wurden am Albert-Schweizer-Gymnasium in Mühlenstein sieben Schülerinnen und zwölf Schüler die Abiturzeugnisse feierlich überreicht. Auch Belobigungen und Urkunden für besondere Leistungen im Sport wurden vergeben.

Ende August begannen die Olympischen Spiele in München. Ulrike Meyfahrt erkämpfte sich im Hochsprung eine Goldmedaille. Heide Rosendahl machte es ihr im Weitsprung nach. Am 05. September 1972 schockte ein Attentat der palästinensischen Terrororganisation „Schwarzer September“ mit einer Geiselnahme nicht nur die Olympische Gemeinschaft. Am Ende waren elf Israelis und fünf Geiselnehmer tot. Mehr noch: Der Traum von den völkerverbindenden, friedlichen Olympischen Spielen war ausgeträumt.

Zwei Jahre später organisierten Robert Singer und Evelyn Böhm eine Gartenparty der „Abiturklasse 1972“. Ein informelles Treffen in einem Gartengrundstück am Wäldle, abseits der Tannenhart-Siedlung. Das Grundstück mit einer Laube darauf gehörte Roberts Eltern und war während der Oberstufe für viele jederzeit ein Ort zum entspannten Treffen. 1974 war das. Ist schon lange her. Da trafen sie sich. Robert war damals gerade einundzwanzig Jahre alt und ist jetzt im Jahre

2020 siebenundsechzig Jahre alt geworden. Das steht in den Anzeigen.

Mit zusammengekniffenem Mund und leicht gerunzelter Stirn nickt Inge den Kopf: Es wird Zeit, dass die Schulkamerad*innen sich wiedersehen. Jetzt, wenn schon der erste nicht mehr dabei sein kann. Zeit soll doch Wunden heilen. Welche Wunden?

Aus der launisch geschriebenen Abschlusszeitung zum Abitur, wo jede und jeder der Mitschüler*innen vorgestellt wurde, hatte Inge alle Namen. Die damaligen Anschriften wird sie als Gemeinderätin und Kreisrätin mit besten Kontakten zur Gemeindeverwaltung zum großen Teil wohl mit den derzeitig gültigen Anschriften korrigieren können. Endlich sollten alle mal wieder zusammenkommen. In Bergheim zur Beerdigung des Schulkameraden Robert.

2020 ist nicht nur aufgrund des Todes von Robert Singer ein besonderes Jahr. Das Covid-19-Virus hat das gesellschaftliche Leben in Deutschland fest im Griff. Allerdings wurden die sehr strengen Infektionsschutzregeln der ersten Monate im Sommer schon zugunsten von mehr Begegnungsmöglichkeiten modifiziert. Alles aber nur mit der Einhaltung der Corona-Regel:> Abstand – Hygiene – Alltagsmaske <.

Inge schaut misstrauisch zum Panoramafenster des Wohnzimmers hinaus. Ja, bei der Party zwei Jahre nach dem Abitur war schon die Vorfreude fast explosiv adrenalingeschwängert. Die aufwendige Vorbereitung passte eigentlich nicht gerade in diese Zeit des „Laissez faire".

Entgegen aller Vorfreude und Erwartung damals wurde aus dem Fest für alle Beteiligten ein schweres, drückendes Kreuz, das alle bis heute mehr oder weniger in ihrem Rucksack mitschleppen.

Mit dem Handrücken streicht Inge über ihr Kinn, gibt sich einen Ruck. Sie wird Frau König auf dem Gemeindesekretariat anrufen, um die Anschriften der Klassenkamerad*innen herauszufinden.

Schnell und präzise, ein paar Telefonate später, hat sie einige Adressen notiert, den Text formuliert. Leider fehlen ihr fünf Anschriften der damals insgesamt neunzehn Abiturient*innen.

Mit Hinweis auf die Todesanzeigen schreibt sie Briefe und lädt die Ehemaligen auf neunzehn Uhr am Vortag der Beerdigung des Mitschülers Robert Singer in den Löwen in Bergheim ein. Es sei dringend und gehe um das Gedenken und Erinnern an die gemeinsame Schulzeit in den 1960/70er Jahren in Mühlenstein, welche wesentlich auch vom verstorbenen Robert Singer geprägt waren. Am darauffolgenden Samstag um elf Uhr sei das Beisein an der Trauerfeier auf dem Friedhof vorgesehen.

Inge macht die Briefe versandfertig und bringt sie eigenhändig zur Post. Im Gasthaus Löwen in Bergheim hat sie für den Freitagabend ein Nebenzimmer für bis zu zwölf Personen reserviert, zusätzlich mehrere Übernachtungsgäste angesagt.

Sie ist gespannt, wer alles kommt und was bei dem Treffen nach über vierzig Jahren zu sehen und zu hören ist. Sie ist überzeugt, dass dieser Brief die eine und den anderen emotional berührt und aufwühlt. Die Erinnerung an die Schulzeit und an die erste und letzte Klassenparty im Jahre 1974 wird Betroffenheit auslösen.

Vorspiel (1974)

(2) Alle wollen, alle sollen, alle können.

Am lauen Sommerabend dämmerte es schon. An der Gartenlaube waren Sitzgelegenheiten aufgebaut, drinnen lagen ein paar Luftmatratzen.

Robert, Bernd, Evelyn, und ein paar andere der 1972er-Abiturklasse hatten schon den mühsamen Weg hinauf an den Waldesrand zum einsam gelegenen Gartenstück der Familie Singer hinter sich und warteten auf ihre ehemaligen Klassenkamerad*innen. Vor zwei Jahren waren in der Aula des Albert-Schweitzer-Gymnasiums zwölf Jungs und sieben Mädels ihr Reifezeugnis feierlich überreicht worden.

„Hey, Erwin, schön, dass du da bist. Was macht die Wissenschaft? Was macht die Liebe?“ Bernd grüßte den Klassenprimus und ehemaligen Schulsprecher. Er ging davon aus, dass Erwin nur die erste Frage beantworten konnte. Darüber konnte er aber über längere Zeit dozieren.

„Oh, das willste du doch gar nicht wissen! Ich freu mich eben, dass ich euch hier sehe.“ Er schaute spöttisch in die Runde.

„Na ja, meinst wohl, du darfst dich bei uns im Sumpf der verklemmten Kleinbürger den speziellen Probleme widmen und deine schon immer höchst verschwörerische Fachsimpelei über Selbstdisziplin und seelische Balance zum Besten geben.“ Robert wusste, dass Erwin diese Frotzeleien durchaus ertrug.

„Hm“, meinte der Angesprochene, „jetzt wär‘ ein Schinkenbrot nicht schlecht.“

„Bedien‘ dich!“ Evelyn zwinkerte ihm zu. „‘s gibt auch Salami, Käse und genug zum Trinken ist auch da.“

„Buh, ist das anstrengend. Mannomann, hab ich Durst.“ Auch Susanne ging zur provisorisch aufgestellten Theke und holte sich zielgerichtet ein Bier, das Bernd vom Fass zapfte und auf den Beistelltisch stellte.

Evelyn stand auf und trällerte im schenkelkurzen T-Shirt: „Was gibt es Schöneres als die Liehiebe!“ Wie ein Funkenmariechen schwenkte sie die Beine. Sie hielt kurz inne, schaute zu Robert und Bernd, lachte und verbeugte sich vor Susanne. Dann kam Alfred um die Ecke und streckte Robert einen bunten Blumenstrauß entgegen.

„Ist wohl auch nix für mich, eher was für Ev“, meinte dieser und nickte zu Evelyn. Bernd runzelte die Stirn. Nein, das hatte er diesem unscheinbaren, immer zurückhaltenden Mitschüler nicht zugetraut. Einen, den man schon vergisst, bevor er die Türe hinter sich zugemacht hat. Alfred war im Unterricht immer aufmerksam und beteiligte sich zur Freude der Lehrkräfte. Darüber hinaus war er in der Schule ein stiller und auf Partys sah man ihn nie. Vielleicht hatte die Grundausbildung bei der Bundeswehr ihm Manieren beigebracht, zumindest die ersten Schritte zur Geselligkeit.

Plötzlich waren sie alle da. Michael und Roland hielten eine Einkaufstüte hoch, schoben die Lippen vor und zeigten, dass sie was zum Genuss dabeihatten. Mit den Utensilien für die Selbstgedrehten mit und ohne High-Mach-Krümel ergänzten sie die HB-Zigaretten mit dem HB-Männchen, das nicht in die Luft gehen sollte. Michael stupste Roland und meinte lachend: „Da ist ja ein Päckchen Reval. Diese starken, filterlosen Glimmstängel. Ja, wer Reval raucht, der frisst auch kleine Kinder, heißt es doch!"

Die amerikanischen Chesterfield, Lucky Strike und Stuyvesant, die mit dem Duft der großen weiten Welt, ergänzten die Zigarettenauswahl.

Inge und Renate stellten ihren mit Puderzucker bestreuten Marmorkuchen daneben.

„Hey, ihr Zuckermäulchen! Habt ihr nicht die kleinen Haschkekse dabei? Ist es heute der schwarzgelbe Ring?" Bernd zeigte, dass er den Überblick nicht verlieren wollte.

Überraschend kam Irmgard mit einem geflochtenen Einkaufskorb um die Ecke und stellte diesen zum Kuchen. „Huch, ihr seid ja schon alle da. Hi, Rob, hi, Ev, danke für die Einladung." Sie umarmte die beiden und die anderen wurden zur Begrüßung auch berührt. Ohne zu zögern ergriff sie ein Glas Whiskey, was Erstaunen auslöste.

„Hoppla, Irmgard, du trinkst Whiskey? Na ja, man wird älter und im ersten Semester Pharmazie habt ihr sicher schon die edlen Tropfen kennengelernt.“ Susanne blickte triumphierend in die Runde, Irmgard hatte bei der Abiturfeier keinen Tropfen Alkohol getrunken.

„Ha, Suss! Ja, mit der medizinischen Pipette saugen und übertragen wir edle Tropfen, die du aber lieber nicht probierst. Der Whiskey darf heute über der Zunge schon Wellen schlagen!“

Robert saß auf einem Hocker abseits, nicht so nah am Lagerfeuer, mehr am Camping-Kühlschrank. Im Gras liegend schaute Evelyn zu ihm herauf und Erwin bequemte sich auf einen Campingstuhl.

„Ha, Erwin, du musstest also nicht zum Bund und bist gleich an die Uni in Heidelberg. Was geht da so? Hast du auch Zeit zum Schloss hinauf zu wandeln? Mit einer an der Hand?“, Robert versuchte Interesse zu zeigen. Bevor Erwin antworten konnte, frotzelte Evelyn: „Der Erwin ist doch ein ganz Schlimmer! Er zeigt sich mit seinem Bücherwissen und lässt nichts unversucht, uns über die Dialektik und die Revolution aufzuklären. Dabei hat er doch an jedem Finger mehrere Verehrerinnen. Er kommt bei den Frauen mit seinen sozialwissenschaftlichen Theorien gut an, manche erhoffen ja Ratschläge zum Überwinden des Beziehungsknatsches. Ihres besonderen Knatsches! Oder fasziniert da sein Schlafzimmerblick?“

„Oh, je, Robert. Nein, ich hab keine Zeit zum Händchenhalten. Wahrscheinlich hat auch keine der Damen die nötige Geduld, mit mir Händchen zu halten.“ Erwin schaute zu Robert und ignorierte die Bemerkung Evelyns.

„Aber meist wollen die doch etwas mehr! Du musst sie nicht gleich schwängern!“, lachte Robert und zwinkerte zu Evelyn und in die Runde.

Dann wurde er laut: „Wer will einen Whiskey, rauchzart? Als Grundlage für die Würstchen auf dem Grill, angeräuchert und scharf! Zudem gibt es zuvor und sofort eine Riesenüberraschung!“

Robert hatte in einer großen Schüssel „Frittierte Froschschenkel“ und in einer zweiten Schüssel, grünen Blattsalat dabei. „Vive la France! Zarte Schenkel! Ein Traum! Delicious!“

Während nun alle zugriffen und auf ihre Teller Froschschenkel mit grünem Salat schöpften, murmelte Irmgard Unmutslaute über das bestialische Schenkelrausreißen bei lebendigem Leibe. Das hatte wohl keiner richtig gehört. Zumindest wollte es keiner hören.

Bald danach hatten alle ein wieder aufgefülltes Whiskeyglas in der Hand, und Roland und Michael schon eine Kippe in der anderen.

„Cheers, auf uns", „Skol", „Nasdrowije", „Santé", von allen Seiten werden die Gläser hochgehoben und ein fröhliches Prosit gewünscht.

Auch Monika, die Stille, war plötzlich da. Kaum beachtet kümmerte sie sich vordringlich um die Sauberkeit und Ordnung in der kleinen Küche der Laube. Später konnte sich niemand erinnern, mit ihr ein paar Worte gewechselt zu haben. Sie war schon vor Mitternacht gegangen, wurde aber nicht vermisst. Die Moni.

Es wurde langsam dunkler, der Mond ließ noch auf sich warten.

Robert hatte an der Gartenlaube die elektrischen Strahler eingeschaltet und am großen Kastanienbaum spendeten neben dem niedergebrannten, noch glühenden Lagerfeuer zwei Öllaternen Licht. Von einem kleinen, transportablen Schallplattenspieler ertönte die unverwechselbare Stimme Jimmy Hendrix' mit „Hey Joe". Immer wieder wurde diese Single gespielt. Nicht die gleiche Zustimmung bekamen die verschiedenen Single-Vinyls der Beatles oder der Rolling Stones.

Das erste Miteinander der über zehn ehemaligen Schüler*innen der Oberprima wurde von der

Neugierde getrieben. Was war, was ist? Und was ist anders?

Evelyn führte Susanne zur Seite ins Halbdunkel. Beide hatten noch halbvolle Gläser in der Hand.

„Ja, Ev, was geht so in Tübingen? Sitzt du da den ganzen Tag auf der Neckarmauer, schaust den Stocherkähnen nach … oder setzt dich einfach rein?“ Susanne platzte fast vor Neugierde und Evelyn konnte nicht so viel erzählen, wie ihre ehemalige Schulkameradin hören wollte.

„Na, bin ja schon immer wieder an der Uni. Die Vorlesungen und Seminare sind echt psycho. Da merkst du, was alles spür-, hör-, fühl- und denkbar ist. Ganz interessant. Hab auch eine tolle Bude in einer WG am Österberg. Mit Aussicht. Zum Neckar hin. Hab nur Männer außer mir in der WG. Nicht interessant. Reden sehr viel. Sonst nichts. Immer nur vom Ich, vom Es und vom Über-Ich. Und vom Penisneid. Interessant, der Freud. Nee, das ist kein Dozent. Er war ein Nervenarzt in Wien und begeistert halt vor allem die Jungs und Mädels. Du, ich hol uns noch zwei Whiskey-Cola und dann erzählst du mir von deinen Abenteuern im Grandhotel in der Landeshauptstadt.“

Als Evelyn mit den vollen Gläsern zurückkam, begann Susanne betont gelangweilt: „Ach, so ‚Grand‘ ist es bei mir im Hotel auch nicht. Viel Arbeit. Die ganze Zeit sind wir alle eingespannt und müssen immer lächeln, die Gäste sind die Könige."

„Und kennst du die Gäste?"

„Nein, in der Regel nicht. Aber neulich war ich zum Frühstück-Service eingeteilt. Stell dir vor, da kam tatsächlich der Udo, der Jürgens, und setzte sich mit zwei anderen Männern an den Tisch. Ich durfte sie bedienen. Du kennst ihn doch? Udo Jürgens mit seinem ‚Siebzehn Jahr, blondes Haar'? Oder ‚Merci Chérie'. Hat doch auch im Festzelt beim Schützenfestjubiläum in Mühlenstein nicht nur die Mädels verrückt gemacht. Sieht ja sooo gut aus. Ein Traum von einem Schwiegersohn für jede Brautmama. Ja, aber morgens war er ganz o.k. Alles paletti."

„Ha, nix passiert? Komm, Susanne …"

„Nee, nix! Hab eine anstrengende Zeit im Hotel. Bin zufrieden, wenn ich mal Pause habe …"

„Du sagst es nicht, aber läuft bei dir gerade nichts? Du hast es doch mal dicke mit Robert gehabt. Oder nicht? Klar, Robert und ich sind nun kein Paar mehr, wie man so neudeutsch sagt. Wir können noch, aber eigentlich ist alles vorbei. Aber du hast doch …"

„Ach, Ev, nein, ich hatte … nein, er war doch ganz eng mit Inge in der siebten Klasse und da hat er mich im Schullandheim im Schwarzwald angemacht. Inge war aus irgendeinem Grund nicht dabei. Und ich hab mitgemacht. Neugierig. Küsschen und nix weiter oder so! Nichts weitersagen. Passte eben auch nicht. Er ist ja ständig hungrig, sorgt dafür, dass es raucht! Gell!“

„Wie du meinst, er war ja nach dem Abi beim Bund in Fürstenfeldbruck und wir hatten eine unaufgeregte Fernbeziehung. Manche Pausen und dazwischen wilde Wochenenden oder auch mal Krach. War ja recht so. Ich bin doch auch keine Nonne mehr. Hm.“

„Warst du noch nie!“

„Ach, nein. Aber Rob und ich … Lassen wir das. Du hast es sicher nicht so offensichtlich mit den Burschen … Machst es halt im Dunkeln, da kann man gut munkeln. Ha!“

Susanne wich aus: „Ha! Weißt du, dass die Renate schon verlobt ist? Mit dem Siegfried aus der Kernerstraße. Der ist sicher zehn Jahre älter als sie und wird das Malergeschäft seines Vaters bald übernehmen.“

„Was du alles weißt, Suss. Komm, wir setzen uns nun zu den anderen ans Lagerfeuer. Vielleicht kannst du den Rob fragen …“

Während die beiden zum Lagerfeuer schlenderten und dabei weiter tratschten, verschwanden Roland und Ingo hinter dem Haselnussbusch im Dunkeln.

„Ach, Inge, seit dem Abiball haben wir uns nicht mehr gesehen. Was machst du so? Du warst doch immer ein Käpsele in Englisch. Bist du jetzt auf der Dolmetscherschule?“

„Da hab ich angefangen, aber schon nach ein paar Monaten hatte ich genug. Auch musste ich für kurze Zeit meinen Vater unterstützen. Er hat seinen Laden aber vor drei Monaten abgegeben. Ist dann zum Daimler. Hab schon überlegt, ob ich doch noch studiere. Aber dann habe ich meinen Rolf kennengelernt, er bemüht sich gerade, die örtliche Konsum-Filiale als Filialleiter zu übernehmen. Denke, ich kann so nebenher BWL studieren. Schau mer mal. Wenn alles klappt, helfe ich ihm. Mit oder ohne Studium.“

„Schön, oder auch nicht. Dann bist du ja nicht mehr zu haben. Hast schon einen Stall!“, lachte Roland und drückte beide Augen zu.

„Und was läuft bei dir so?“ Inge zwinkerte ihn an.

„Oh, wir alle wissen es ja, auch ich gehörte zu den tausend Burschen, welche auf die Ev scharf waren. Hui. Und wie! Manchmal war ich ja auch ganz nah dran. Aber naja, es hat nie gereicht. Nicht nur der Rob war schneller. Zur Zeit mach ich ja Physik in Karlsruhe, schöne Stadt, die Fächerstadt. Vielleicht zu viele Sesselfurzer, Beamte. Aber nette Kneippen und immer auch Kommilitonen, die gerade dann entspannen wollen, wenn du es auch willst."

„Aber Roland. Was macht dein Skifahren? Da warst du doch immer Feuer und Flamme!"

„Oh ja, von Mühlenstein konnten wir auch für ein paar Stunden mit meinem älteren Bruder zu den neuen Skiliften auf der Schwäbischen Alb fahren. Die waren meist sehr kurz und einfach. Es war aber immer eine Gaudi. Jetzt, von Karlsruhe, könnte ich in den Schwarzwald, hm, das ist nicht weit, aber einen fahrbaren Untersatz habe ich noch keinen. So üben wir mit den Mädels halt in Karlsruhe Après-Ski, was immer das auch sein mag. Du siehst, ich träume noch und es geht mir gut."

„Ja, Roland, komm, wir gehen wieder zum Feuer, ich muss doch noch eine Rote Wurst probieren."

Noch bevor sie um die Ecke kamen und die anderen erreichten, hörten sie ein hektisches Klopfen zu dem neusten Nonsens-Song „Ich liebte ein Mädchen", den Bernd hastig stöhnend von sich gab. Auch als er mit verklärtem Blick in den Himmel Karl Dahls „Millionen Frauen lieben mich" hingebungsvoll schmachtete, reagierte niemand der Anwesenden darauf. Diese bekannten „Blödel-Songs" der 70er Jahre waren in der Provinz entweder noch nicht angekommen oder unter den Partygästen schon ein alter Hut.

Der Bundeswehrgefreite Alfred und der vom Wehrdienst befreite Erwin beschnupperten sich gerade an der Getränketheke. Beide nahmen sich eine Bügelflasche Bier und gingen ein paar Schritte in Richtung Silbersandhöhle. In der Schule hatten sie wenig miteinander zu tun, vielleicht hatten sie Respekt voreinander. Oder es gab irgendwie keine gemeinsamen Interessen.

Die Silbersandhöhle war nur wenige Meter tief und wurde dann zu eng, um weiter hineinzukriechen. Allerdings war der Boden sehr sandig unter dem Kalksteinfelsen. Manchmal glitzerte es im Sand, wenn die Sonnenstrahlen durch die Bäume vor der Höhle den Boden erreichten. Auch mit einer Taschenlampe konnte man den Sand zum Glitzern bringen. Es war und ist ein Erinnerungsort für fast alle in Mühlenstein. Dort konnte man stundenlang Räuber und Gendarm, oder auch ‚Indianerles', spielen. Und sich später mit seiner Liebe in den Silbersand niederlassen.

Alfred und Erwin standen bei der mächtigen Eiche und bemerkten, dass Robert und Evelyn kichernd sich auf den Weg hin zur Höhle machten. Anfangs unterhielten sie sich emotionslos über die Bundeswehrzeit von Alfred und über Erwins erste Semester in Heidelberg. Erst als sie dann über das

Fußballereignis des Jahres 1974 plauderten, wurden beide euphorisch in ihren Kommentaren.

„Super, wie sie das gemacht haben. Der Beckenbauer, der Hoeneß und auch der Breitner! Weltmeister sind's! Deutschland zum zweiten Mal!" Erwin war stolz und schaute zu Alfred gerade so, als ob er selbst auch was dazu beigetragen hätte.

„In Stuttgart, im Neckarstadion, waren ja auch Gruppenspiele, die Italiener waren da. Hab behört, dass Michael und Roland bei einem Spiel im Stadion waren", erwiderte Alfred ein klein wenig neidisch.

„Ja, und Robert war mit seinem Vater doch beim Endspiel in München. Im Olympiastadion. Er hat mir die Eintrittskarten gezeigt. Und danach sind sie noch im Hofbräuhaus gewesen. Nicht die Mannschaft. Robert und sein Vater!", lachte Erwin und wechselte das Thema. „Der Robert und die Ev, die sind doch nicht mehr zusammen, warum gehen sie nun zur Silbersandhöhle?"

„Weiß nicht, vielleicht haben sie was verloren? Kann uns doch egal sein. Oder? Komm, wir gehen wieder zurück und schauen, was die anderen machen."

Als sie zum Lagerfeuer zurückkamen, hörten sie, wie Michael leicht beschwipst sinnierte: „Was ist da an der Ev so interessant, dass der Robert immer noch so vernarrt ist?"

„A geh. Die Ev hätt‘ doch jeder gern! Sie macht ja auch jedem schöne Augen! Du bist doch auch … ach, lassen wir das. Sie hat ja mit Rob Schluss gemacht, vielleicht weil sie nun Psychologie studiert oder sonstwas hat“, konterte Roland und ergänzte: „Rob ist ja auch kein Kostverächter, kann doch fast alle haben. Und genommen hat er ja auch ... Und schließlich ist es immer wieder an der Zeit zu wechseln. Du weißt doch: Wer zweimal mit derselben pennt, der gehört zum Establishment.“

„Puh, es ist eine schwierige Zeit. So. Auch mit der Liebe. Was ist das überhaupt? Wie lange kann man sie aushalten? Wie kann man sie locker pflegen?“ Roland spielte den Denker und erörterte weiter: „Liebe ohne Machtspiele? Verliebt sein ohne Anspruch, eine kleine Ewigkeit lang, wenigstens eine Weile? Wo gibt es das schon, außer in den Kitschromanen?“

„Hm, vielleicht sollte man es allein unter Männern probieren und die Frauen unter sich! Ha“, entgegnete Michael und schaute zu Susanne.

„Die Suss ist ja auch eine besondere Marke. Es gab kaum einen, der es nicht probiert hat mit ihr zu Potte zu kommen. Die hat‘s doch immer geschafft, dass keiner so richtig an sie rankommt. Schätze aber auch, dass sie eine weiche, warme Haut neben sich im Bett einem kalten Kissen vorzieht. Wahrscheinlich wird sie doch irgendwann mit einer Frau … Punktum eine verrückte Leidenschaft pflegen und am Ende nicht grimmig mit hinter dem Kopf gefalteten Händen zur Decke starren", ließ er seinen Gedanken freien Lauf.

„Ist ja gut so", mischte sich Bernd ein, „die ist doch wenigstens ehrlich, wenn's das überhaupt gibt. Schaut doch mal die Ev an! Die verspricht und bricht! Die fabuliert und ruiniert! Wen hat sie noch nicht an der Angel gehabt? Und wer hat da nicht auch ins Leere geschnappt? Oh, sag mir nichts! Ich könnte um mich schlagen!" Immer verzweifelter und undeutlicher wurde die überraschende Poesie.

„Genau, die tut einem weh!", unterstützte unvermittelt Alfred und Roland nickte dazu. Auch Inge und Irmgard pressten ihre Lippen zusammen, sie vermieden damit, ihre Zustimmung laut zu äußern.

„Hei, da müsst ihr auch noch hin! Zum Silbersand! Ist wirklich supercool! Heut Nacht glitzert es und verzaubert alles." Evelyn war begeistert und Robert unterstützte: „Ja, es ist doch unsere Nacht! Immer wieder Silbersand! Noch einen Whiskey und die Höhle ruft! Nur aufpassen, der Steinbruch ist gleich daneben. Da könnte es gefallene Mädchen und auch gefallene Jungs geben", lachte er.

Alle fühlten sich angesprochen, endlich kam wieder Bewegung in die fortgeschrittene Nacht. Immer wieder machten sich Einzelne auf den Weg zur Silbersandhöhle, meist gingen sie aber zu zweit und zu dritt und hatten Taschenlampen dabei. Zurück kamen sie meist mit einer Hand oder auch mal mit einer Tüte voll Silbersand als Trophäe zum Lagerfeuer.

Zwischendurch konnte man Robert und Bernd Arm in Arm beobachten und hören, wie sie einander nuschelnd immer wieder versicherten: „Die sind es nicht wert. Die Weiber. Weg damit."

Vielleicht war das Bernd zu viel: „Ach, die Sierra Madre wär' doch noch was für mich!"

„Oh je, du und die Inge Mader! Was könnte das werden?"

Bernd schaute mit verkniffenen Augen und summte und brummte dazu unbeholfen die Melodie „Sierra Madre del Sur" (von Ronny).

„Ja, du und die Madre!", kicherte Robert und Bernd nickte müde dazu.

Das Lagerfeuer brannte, ach nein, die Asche glühte noch und alle saßen in der Gegend herum. Auch wenn schon einigen die Augen zufielen und sie keinen Mucks mehr machen konnten, gab es immer wieder eine laute Unterhaltung.

„Was gibt es Schöneres als die Liehiebe!" Das war nicht Evelyn, hatte Roland am nächsten Tag stock und steif behauptet. Eine andere Melodie und einige Wortfetzen waren immer wieder zu hören:

„If you're going to San Francisco
Be sure to wear some flowers in your hair …"

Roland wurde nicht müde, immer wieder, ohne erkennbaren Zusammenhang, laut und ruinenhaft die Weisheit zu verkünden: „Es geht nicht darum, etwas zu erreichen. Es geht darum, etwas zu sein." Anschließend schaute er Beifall heischend in die Runde. Keiner und keine hörte genauer zu. Alle waren gut gelaunt und quasselten durcheinander. Jeder war für sich und keine einsam in der Runde.

Auch hörte niemand zu, als Erwin zur fortgeschrittenen Stunde drohte: „Mischt euch nicht in mein Liebesleben ein!"

Ja, keiner hörte zu, aber auch keiner machte sich Gedanken über Erwins Liebesleben oder wollte sich gar in Erwins Liebesleben einmischen.

Weithin hörte man allerdings Michaels Gegröle: „Ja, sie kommt, ja, sie kommt, die Revolution! Nieder mit den Schweinen der Reaktion!" Übergangslos konnte er auch „Brüder höret die Signale, auf zum letzten Gefecht, die Internationale erkämpft das Menschenrecht …" in die Nacht hinausbrüllen. Seine Stimme wurde dabei immer leiser und seine Aussprache immer verwaschener.

Da war es angenehmer, immer wieder das Gesumme des

„If you're going to San Francisco …

… Summertime will be a love-in there" zu hören.

Das animierte zum Mitsummen.

Vom Alkohol geschwängert und vom Kiffen high, fühlte sich dieses Durcheinander wie Woodstock an. Mindestens!

Ein Sehnsuchtsort aller Träumenden. Immer toller fühlten sie sich als orgastische Blumenkinder, ausgeflippte Hippies.

Am niedergebrannten Grillfeuer immer mehr, je fortgeschrittener die Nacht war. Mancher dachte noch an Jimmy Hendrix und Janis Joplin mit ihren genialen Rockliedern. Beide waren nun schon vier Jahre tot und doch waren sie in diesem Abend mit ihren Liedern quicklebendig.

Der Morgen dämmerte, da waren die jungen Frauen schon lange, aber auch Erwin und Roland, zu Fuß nach Hause gegangen, manche Jungs fanden auf einer Luftmatratze in der Laube ihre Schlafkoje und Robert, Bernd und Michael lagen in Schlafsäcken unterm Kastanienbaum.

Keiner merkte, dass Evelyn schon länger nicht mehr am Feuer saß und auch nicht mit den anderen jungen Frauen nach Hause gegangen war.

(3) Am Morgen ist die Welt nicht mehr in Ordnung

„Au, mama mia. Mir brummt der Schädel." Bernd schaute mit verkniffenen Augen aus dem Schlafsack heraus.

Robert saß im Schneidersitz daneben, knetete seine Hände. „Mannomann, gleich geh' ich als HB-Männchen in die Luft. Ist der Michi nicht mehr da?"

„Ich bin hier – hat jemand eine Kurmark für mich?" Michael kam aus der Laube und lachte. „Ist schon zehn. Die Sonne schon über den Bergen …"

Robert warf ihm eine Zigarettenschachtel zu. „Feuer haste?" Er stand auf und ging zur Laube. Drinnen war Alfred noch nicht wach.

Das Grundstück mit der Gartenlaube hatten Roberts Eltern vor zehn Jahren erworben. Es war nicht einfach, aber letztlich gelang es ihnen, eine Wasser- und eine Stromleitung zu ihrem Refugium, wie es Papa Singer nannte, legen zu lassen. Die dominante Schwarzwalduhr musste – traditionell – immer noch von Hand aufgezogen werden. Der Kuckuck kam aber immer seltener mit seinem Schrei aus dem Häuschen. Auch zu der Party fand sich keiner bereit, die Uhr aufzuziehen.

Robert ging zur Kochnische, räumte ein paar Tassen und Teller zur Seite. In einem großen Topf machte er Wasser heiß, stellte auf die Kaffeekanne den Filter und gab ein paar Löffel Kaffeepulver hinein. Immer wieder knetete er dabei seine Handgelenke. Wenn diese nur nicht so tierisch weh täten!, dachte er.

Inzwischen war auch Alfred wach, er hielt wie auch die anderen eine Tasse in der Hand.

„Hm." Robert schenkte ihnen ein. Milch zum Kaffee gab es keine, was Alfred stumm mit hochgezogenen Augenbrauen beanstandete. Müde, irgendwie leblos, nippten sie an ihrem Kaffee, drückten ihre Zigaretten aus, husteten ihre Bronchien frei und versuchten ihre Befindlichkeiten zu sortieren.

Robert wollte gerade die Kameraden auffordern, dass sie aufräumen, spülen und … sollten, da kamen Erwin und Roland durchs Gartentor. Die Begrüßung fiel dösig aus. Das gerade übliche Abklatschen war eher ein Stoßseufzen.

Roland und Erwin hatten sicher zu Hause schon eine Handvoll Wasser in ihr Gesicht geklatscht und sie trugen nicht mehr die Klamotten von gestern. Sie wirkten eine Idee frischer als die Gartenschläfer. Und es fiel keinem auf, dass Robert im Gegensatz zu Alfred, Bernd und Michael seine Kleidung über Nacht gewechselt hatte.

„Nein, keinen Whiskey, kein Bier und keinen Wein, … Ich hab‘ noch viel zu viel von gestern intus!“ Roland räumte ein paar Decken unterm Kastanienbaum zusammen und versuchte um die Feuerstelle herum Ordnung zu schaffen. Die anderen schauten zu und machten keine Anstalten ihm zu helfen, da kamen Susanne, Renate und Inge dazu. Inge hatte eine große Tüte mit Brezeln und eine mit Butterhörnchen dabei. „Frisch vom Bäcker Schneider, fast noch warm!“

Es dauerte nicht lange, da saßen sie gemeinsam um die Frühstückstafel mit Kaffee, Tee, Cola, Wasser und den frischen Backwaren.

„Hei, weiß einer, wo der Helmut Kuhnlc gestern geblieben ist?“ Erwin schaute in die Runde.

„Nee, wundert mich auch, sonst ist er doch immer dabei! Der selbst ernannte Charmeur vom Dienst, ha, der hat gestern wirklich gefehlt.“ Susanne runzelte die Stirn und Renate lächelte süffisant: „Vielleicht ist er gerade hinter den Oberprimanerinnen her! Lässt seinen Charme walten. Vielleicht war er aber doch in der Gegend. Zum kiebitzen. Manchmal hat er ja auch mit seinem angeblich nachtsicheren Fotoapparat Bilder gemacht.“

„Oh, je! Der macht doch nur lahme Sprüch'! Wenn der da war? Und wenn?“ Alfred sah es anders.

Aber Renate gab zu bedenken: „Dem ist alles zuzutrauen, wenn er da war, wird er uns sicher seine Erkundungen unter die Nase reiben."

„Aber die Brigitte hat sich abgemeldet, sie ist ja heute sehr früh mit ihren Eltern zur Oma nach Aalen gefahren", ergänzte Inge und fuhr fort: „Und vom Konrad Heusel wissen wir, dass er der große Vergesser ist. Der würde doch seinen Kopf vergessen, wenn dieser nicht angewachsen wäre!"

Diesen alten Witz nahm Bernd mit einem müden Lächeln zur Kenntnis.

Als sie nach dem kleinen Frühstück etwas erholter ans Aufräumen gingen – drinnen in der Laube und draußen am Lagerfeuer und unter dem Kastanienbaum –, kam Irmgard, schaute umher und fragte, nachdem sie ein Handzeichen und ein „Hallo, Leute" in die Runde gab, „Hi, Robert, wo ist denn Ev? Hast du sie heute Morgen schon gesehen?"

„Nee, warum fragst du?"

„Aber, hoppla, hat sie nicht hier bei euch übernachtet? Ich war vorhin bei ihrer Mutter, wollte Ev abholen. Und die Mutter sagte, dass Ev nicht nach Hause gekommen ist. Gestern oder heute Nacht."

„Au, vielleicht ist sie halt noch woanders hin? Sie wird schon wissen, ist ja, wie wir alle, alt genug!“ Alfred zuckte mit den Schultern. „Warten wir‘s ab!“

Als Antwort zuckte auch Irmgard mit den Schultern und half mit ein paar geschickten Handgriffen beim Aufräumen.

Dann setzten sie sich nochmals zusammen und genossen die Rückschau auf die gestrige Party. Dabei wurden die übriggebliebenen Bierflaschen und auch noch eine Weißweinflasche geöffnet. Whiskey war keiner mehr da. Auch das Haschgebäck und die besonderen Tabakkrümel waren verbraucht.

„Irgendwas stimmt doch da nicht! Die Ev! Vielleicht sollten wir … ja, wie oder wo sollen wir uns erkundigen, suchen?“ Hilflos blickte Irmgard in die Runde. „Evs Mutter will doch auch wissen, wo sie ist!“

Diese Besorgnis ging schnell wieder unter bei all den lustigen Kommentaren über das Studentenleben und über die zwei Jahre seit ihrer Abiturfeier.

Nebenbei räumten sie das Geschirr und andere Utensilien in Roberts NSU Prinz, der hinter dem Garten auf dem schmalen Feldweg zum Wäldle geparkt war. Robert hatte ihn von seinen Eltern zusammen mit dem Führerschein zum bestandenen Abitur erhalten. Roberts Vater gehörte das größte Fabrikle in Mühlenstein. Fünfzehn Arbeiter waren in der Lackiererei angestellt. Zudem war

Herr Singer im Gemeinderat Vorsitzender der stärksten Fraktion, seine Frau sang im Kirchenchor. Robert war der erste, der in Mühlenstein zum Abitur ein Auto geschenkt bekommen hatte. Seine Kameraden und Kameradinnen fuhren, wie er auch zuvor, meist mit dem Fahrrad. Oder sie hatten ein Mofa. Zündapp und Kreidler waren die angesagten Marken.

Es war noch nicht halb zwölf, sie wollten eigentlich aufbrechen und nach Hause gehen, da hörten sie das Martinshorn. Sie wunderten sich. Am Samstagmorgen?

Erst als sie den Weg der Sirene Richtung Steinbruch lokalisierten, fragte Michael: „Was wollen die da hinten? Suchen die einen Wilderer?"

Darauf hatte keiner eine Antwort.

Tatsächlich fuhr ein Polizeiauto hinter dem Wäldle ins Tal hinein Richtung Steinbruch. Die Sirene verstummte.

Nach kurzer Zeit nahm Robert Inge in seinem NSU Prinz mit. Sie passte auf, dass das Geschirr nicht unnötig durcheinandergeriet oder anderswie Schaden nahm. Die anderen gingen zu Fuß nach Mühlenstein hinab.

Drei Wanderinnen hatten eine halb entkleidete Frauenperson auf dem Grund des Steinbruchs am steilen Kalkfelsen gefunden. Diese blutete nicht, aber die drei konnten auch kein Lebenszeichen mehr feststellen.

Zwei rannten zu Fuß zum örtlichen Polizeiposten und berichteten heftig keuchend PM Mayer, der sich gerade auf seine Mittagspause vorbereitete, von ihrer Entdeckung. Dieser informierte seinen Kollegen vom örtlichen Polizeiposten und die zwei jungen Frauen konnten im Polizeiauto zum Steinbruch mitfahren. Dort verschafften die Polizeibeamten sich einen Überblick, baten die Wanderinnen zurückzutreten und zu warten.

„Das sieht nicht nach einem Unfall aus, oder?“ PM Mayer drehte sich zu seinem Kollegen und sah, wie der nickte. Sie sperrten zuallererst den Fundort großräumig mit rotweißem Flatterband ab. Der Kollege funkte zum Kriminaltechnischem Institut in der Landeshauptstadt, schilderte die Lage und bat dringend um Unterstützung. Derweil hatte PM Mayer noch mal das Laken zur Seite geschoben und die leblose Person genauer angeschaut.

„Au, ich denk, ich kenn die! Ach, Donnerwetter. Das darf doch nicht wahr sein. Ich fahr zum Posten in die Stadt und versuch‘ rauszufinden, ob meine Befürchtung berechtigt ist.“

Sein Kollege nickte verständnisvoll. „Ich bleibe hier, schau, dass keine neuen Spuren dazukommen und nehme die Personalien der drei Wanderinnen auf. Du wirst ja schon wieder da sein, bevor die aus Stuttgart hier auftauchen.“

In Mühlenstein fuhr Mayer in der Epple-Straße rechts ran, auf dem Gehweg kamen Irmgard, Bernd und Renate entgegen.

„Hallo Herr Mayer! Auch schon unterwegs?“, wurde der bekannte und allseits beliebte Ortspolizist im Chor begrüßt.

„Ähh …“ PM Mayer duckte sich und ging auf die Drei zu. „Schwierig, aber ich darf euch mal was fragen! Oder muss ich nun Sie sagen?“ Er kannte die die Jugend in Mühlenstein genau. Fast alle hatten sich bei ihm unzählige Nachmittage auf die Fahrradprüfung in der Grundschule vorbereitet. Das verband und machte auch später den Umgang miteinander leichter. Die drei schauten unwissend.

„Im Steinbruch ist was passiert! Schrecklich! Ich … Ja, wisst ihr, wo die Evelyn, die von den Böhms in der Weidenstraße, gerade ist? Ich hab da einen Verdacht!“

„Die hat doch nichts angestellt!“ Renate holte tief Luft. „Die war gestern mit uns feiern! Auf dem Singer-Gartengrundstück!“

„Ja, aber …“ Irmgard schnappte nach Luft und ahnte Schreckliches. „Sie war heut Morgen nicht zu Hause und im Garten hat sie auch nicht übernachtet.“

„Gut, nein, eben nicht gut! Wir haben sie wahrscheinlich gefunden. Ich danke euch! Jetzt sagt ihr aber mal nichts zu irgendwem. Auch nicht den Eltern. Das ist jetzt meine Aufgabe. Danke euch! Bleibt sicher und passt auf.“ Auf die letzten Worte verzichtete er nie, wenn er mit der Jugend sprach.

Irmgards Frage, „was ist mit ihr?“, wollte und konnte er nicht beantworten, er zog seine Schultern nach vorn und senkte den Kopf.

„Ich melde mich bei euch! Und … ach, bleibt sicher und passt auf!“

Schnell stieg er ins Auto und fuhr zurück zum Steinbruch. Dort wunderte er sich, dass die Kollegen vom Kriminaltechnischen Institut Stuttgart schon angekommen waren und ihre Arbeit aufgenommen hatten. Am Samstagmittag! Während sich Kriminalhauptkommissar Seybold und Kriminalkommissar Braun intensiv um die mit einem weißen Laken zugedeckte Person kümmerten, nahmen ihre Kollegen die Umgebung sehr genau unter die Lupe.

„Tag, Seybold, Tag, Braun! Jetzt haben wir hier eine Aufgabe für euch! Und das am Samstag!“ Während die beiden kaum von ihrer Arbeit aufblickten, kam auch schon der Polizeiarzt vom gerichtsmedizinischen Institut mit seinem Dienstauto an. Auch er wurde begrüßt. Er stellte sich Mayer vor und fragte: „Habt ihr Fotos gemacht?

Irgendwelche Ausweise oder Ähnliches gefunden? Hm, die Kopfverletzungen sind ja heftig, auch die Brust ist verdreht!“

KHK Seybold informierte über den bisherigen Wissensstand: „Sie heißt Evelyn Böhm, 21 Jahre, alt. Studentenausweis, sonst nix. Aber eine Unterhose hatte sie nicht mehr an, wir sind noch dabei die Spuren zusammenzutragen.“

Jetzt schluckte PM Mayer und hörte den Arzt routiniert sagen: „Also, gleich zu mir ins Rechtsmedizinische Institut fahren. Dort kann ich sie untersuchen. Alles wichtige, wie wahrscheinlicher Todeszeitpunkt, das wahrscheinliche Geschehen darum, und ob sie … und so, könnt ihr dann wahrscheinlich am Montagmorgen erfahren.“

Schnell wurde die tote Evelyn in einen Blechsarg gelegt und in den unauffälligen VW-Kastenwagen geladen.

PM Mayer berichtete KHK Seybold und den Kollegen aus Stuttgart von der Party im Singer-Garten. Daraufhin weiteten sie die gewissenhafte Spurensuche aus. Zudem wurde Mayer beauftragt, alle Partyteilnehmer für den frühen Abend ins örtliche Polizeirevier einzuladen. Zuvor sollte er auch Familie Singer mitteilen, dass auf ihrem Grundstück die Spurensuche weiterging.

Nach der Rücksprache mit dem zuständigen Staatsanwalt nahm Seybold auch den Ortspolizisten Mayer in die Sonderkommission „Steinbruch“ auf. Dieser besuchte zuerst Familie Böhm, welche nicht ganz so überrascht war. Mayer wunderte sich über diese Art von Gleichgültigkeit. Evelyns Mutter fuhr noch mit PM Mayer am späten Nachmittag zum Rechtsmedizinischen Institut in der Landeshauptstadt, um ihre Tochter zu identifizieren.

Die Rückfahrt war eine stille, unterbrochen von gelegentlichen Seufzern von Frau Böhm. Aber auch PM Mayer schniefte mehrmals und beide wischten sich die Tränen von den Wangen. Sie verabschiedeten sich auf der Straße vor Böhms Haus und Mayer fuhr weiter zum örtlichen Polizeirevier. Dort hatten sein Kollege und die vier aus Stuttgart in einem Nebenzimmer einzelne unterschiedlich große Gesteinsbrocken in einer Reihe gelegt. Sie hatten eines gemeinsam: Blut klebte an ihnen. Unterschiedliche Menge.

Auch einzelne Textil-Reste und andere Gegenstände wie Baumrinden und Äste lagen übersichtlich vor einer großen Tafel. Dazu wurden später Fotos von Evelyn und der Umgebung gehängt. An der Tafel standen ein paar Stichwörter und Fragen.

Mayer hatte fast alle Partygäste erreicht. Er bat alle, um zwanzig Uhr zum Polizeirevier zu kommen, und betonte immer wieder: „Ich und meine

Kollegen verstehen es schon. Ihr seid sehr aufgeregt und wollt mehr wissen. Wir werden euch heut Abend darüber informieren, was wir wissen, und auch sagen, wie wir weiter vorgehen. Bleibt gesund und sicher! Um zwanzig Uhr dann auf dem Revier!“

Gegen zwanzig Uhr trudelten die ehemaligen Abiturient*innen in kleinen Gruppen ein. Im Tagungsraum des Polizeireviers Mühlenstein saßen sie, ihre Nervosität konnte man fast mit Händen greifen. Die jungen Erwachsenen im Alter von neunzehn bis zweiundzwanzig Jahren waren angespannt. An der Stirnseite des Raumes saß Kriminalhauptkommissar Seybold. Er stellte alle sechs Mitglieder der Sonderkommission Steinbruch vor. Ortspolizist Mayer wurde dabei besonders erwähnt. Dies war sicher auch als vertrauensbildende Maßnahme gedacht. Er kannte die Pappenheimer.

Seybold verlas den aktuellen Ermittlungsbericht und alle hörten, dass Evelyn Böhm irgendwann in der Nacht zum Samstag verstorben war. Ob es ein Unfall, Totschlag oder Mord war, wollte er mit seiner SOKO klären. Dabei würden sicher die Aussagen der Anwesenden entscheidend helfen. Schließlich wären sie wahrscheinlich die letzten, welche eventuell oder wahrscheinlich im Guten mit Evelyn zusammen gewesen waren.

Alle Anwesenden dürften Fragen stellen, auf die ausführlich und einfühlend eingegangen werde, meinte Seybold fast väterlich und Mayer nickte in die Runde.

Aber nicht mal die sonst lautesten meldeten sich und fragten. Gemurmeltes, „wie kann das sein? Wer tut so was? Die arme Ev! Was soll ich sagen? Wer war dabei? Weiß man schon genaues? Wer steckt da mit drin? Ich kann's nicht fassen", ließ den Geräuschpegel anschwellen. In den Gesichtern spiegelte sich Angst, zuweilen auch Misstrauen. Trauten sie ihren ehemaligen Mitschülern zu, hier ein böses Spiel mitgespielt zu haben? Gar einer Mitschülerin? Und war keiner sicher, ob es Angst vor einem selbst oder vor seinen Mitmenschen war?

PM Mayer beruhigte: „Ja, wir alle sind schockiert. Nicht nur ihr habt eine Freundin verloren, auch wir Polizisten stehen vor einem Rätsel: Wie kann sowas sein und wie ist es passiert?" Er holt tief Luft. „Unvorstellbar! Und da müssen wir zusammenhalten. So können wir das Geschehen aufklären. Jeder von euch – ich sag's wie sonst auch – jeder von euch wird als wichtiger Zeuge seinen Beitrag zur Aufklärung dieses unglaublichen Vorgangs beitragen. Geniert euch nicht, auch seltsame Gedanken dazu preiszugeben! Wir sollten uns da überwinden und alles zulassen, was hilft. Leute, helft mit, alle. Keiner ist angeklagt, jeder hilft."

Diese für PM Mayer ungewöhnlich lange Rede zauberte auf die Gesichter wieder etwas wie Zuversicht und Mut. Aber an einen Austausch von Gedanken zum Geschehen in Steinbruch war in diesem Rahmen nicht zu denken.

Dann begann KHK Seybold das Schlusswort: „Danke, dass Sie alle gekommen sind. Ich danke auch PM Mayer, dass er Ihr Kommen so reibungslos organisiert hat. Eine Frage habe ich noch: Waren bei der Party außer Ihnen noch weitere Personen da?"

Alle schauten auf den Ortspolizisten Mayer, da meldete sich Inge, indem sie zaghaft die Hand hob: „Entschuldigung! Birgit Fleischhauer hat sich entschuldigt, die fuhr heute Morgen in der Früh mit ihren Eltern zur Oma im Allgäu. War also nicht da."

Da erinnerte sich Robert: „Ach ja. Den Herbert Kuhnle und den Konrad Heusel haben wir auch erwartet, aber sie sind nicht erschienen. Vielleicht haben sie den Weg nicht gefunden. Ach nee, das glaubt kein Mensch."

KHK Seybold schaute zu PM Mayer: „Die zwei Burschen können wir doch auch gut als Zeugen gebrauchen. Laden wir sie ein! Mayer!" Und übergangslos fuhr er fort: „Wir sehen uns alle, ausnahmslos, am Montag um neun wieder hier. Alle! Da werden die Ergebnisse der Spurensicherung und der Untersuchungen des rechtsmedizinischen Instituts bekannt sein und wir werden in Einzelgesprächen nächste Woche zusammen mit Ihnen den Fall schnell klären. Wenn nicht, dann werden wir wohl oder übel eine Ermittlungsgruppe einrichten und über Monate, wenn nicht Jahre damit beschäftigt sein."

Mayer beendete diese Informationsveranstaltung und lud nochmals alle ein, am Montag um neun wieder zu erscheinen. „Bleibt gesund und sicher!"

(4) Sie sind betroffen, alle Fragen offen

Es war ein sonniges, letztendlich aber ein bedrückendes Herbstwochenende in der Kleinstadt Mühlenstein. Spätestens nach dem Wochenmarkt am Samstag schwebte eine unsichtbare Schwermut durch die Gassen. Die unglaubliche Nachricht von der toten Evelyn Böhm eroberte den Inhalt des Flüsterns und Tuschelns fast aller Gespräche im Städtle. Man kannte sich, auch Evelyn und die Familie Böhm, zumindest über ein oder zwei Ecken.

Am Sonntag herrschte bei allem Sonnenschein gespenstische Ruhe. Manche schauten hinter den Gardinen hervor, kaum jemand ging spazieren. Auch im Café am Marktplatz oder im Ausflugslokal am Biberberg waren nur vereinzelt Gäste. Vermutlich Auswärtige, keine Einheimischen.

PM Mayer hatte über das Wochenende seine Aufgabe mit Bravour erledigt. Er hat alle Gäste der Klassentreff-Party im Singer-Garten noch einmal an den Termin am Montag erinnert. Auch konnte er mit denjenigen, die am Montag terminlich nicht kommen konnten, einen späteren Termin zur Zeugenbefragung vereinbaren. Das erste Treffen am Montag war, wie schon am Samstag, als Informationsveranstaltung gedacht. Familie

Böhm wollte PM Mayer zusammen mit KHK Seybold extra informieren.

Am Montag fuhr um acht Uhr dreißig der unscheinbare VW-Kastenwagen mit fünf Kriminalbeamten zum Polizeirevier in Mühlenstein. PM Mayer begrüßte die Kollegen und führte sie in den Sitzungssaal. Dort saßen schon fast alle der eingeladenen jungen Menschen gegenüber der zwei Tische, hinter denen KHK Seybold, KK Braun, PM Mayer und ein weiterer Beamter Platz nahmen. Ein weiterer Kollege ging sofort ins Nebenzimmer, wo er sich mit den sichergestellten „Beweisstücken" und den Notizen vom Freitag letzter Woche auseinandersetzte.

Da PM Mayer den Anwesenden bekannt war, stellte er seine Kollegen vor, mit denen er in der Sonderkommission „Steinbruch" arbeitete, und warb dabei für eine gute Zusammenarbeit, „damit das Ding bald aufgeklärt ist. Ich sage es noch einmal: Wir wollen heute und die nächsten Tage mit euch reden, um zu erfahren, wie es dazu kam, dass Evelyn im Steinbruch lag und tot ist. Kollege Seybold berichtet zuvor, was wir bis jetzt alles wissen. Ja, wir hoffen, dass die Gespräche mehr Klarheit bringen. Aber nochmals: Wir haben überhaupt noch keinen konkreten Verdacht. Wir haben noch keinen Hinweis, was da passiert ist.

Wir hoffen auf euch! Herr Kriminalhauptkommissar Seybold hat das Wort."

„Sehr geehrte Damen und Herren! Zuerst ein aufrichtiges Dankeschön, dass Sie bereit sind, mit uns zu sprechen. Zuerst informiere ich Sie über das, was wir und unsere Kollegen im Landeskriminalamt zu diesem Fall schon wissen. Gerne dürfen Sie in dieser großen Runde auch Fragen stellen."

Bevor KHK Seybold zur Sache sprach, appellierte PM Mayer nochmals. „Wir wissen schon einiges. Wir ermitteln in alle Richtungen und ihr könnt uns helfen! Wir haben noch keinen oder keine Verdächtige! Wir befragen euch nur. Es soll keine Vernehmung sein! Helft mit!"

KHK Seybold informierte kurz und bündig: „Evelyn Böhm wurde im Steinbruch bei Mühlenstein am Samstag nach elf Uhr von drei Wanderinnen aufgefunden. Sie war anscheinend schon fast neun Stunden tot. Sie hatte stark blutende Wunden am Kopf, am Hals und an der Schulter. Die Todesursache war wahrscheinlich der Kontakt mit einem großen Stein, der neben ihr gefunden wurde. An ihm klebte Blut. Weitere Steine mit Blutflecken wurden gefunden. Auch eine Taschenlampe, die wahrscheinlich Evelyn Böhm gehörte, und auch eine kleine Tasche. Ihren großen Rucksack haben wir auch erhalten. Er war in der Laube. Sie hatte sicher Alkohol getrunken, weitere Drogen waren nicht mehr festzustellen. Hm, und sie hatte keine Unterhose unter ihrem Rock an. Dazu gibt es aber keine weiteren Informationen. Es gibt Dinge, die nur der Täter wissen kann. Andere Verletzungen als am Oberkörper bzw. Kopf haben wir nicht gefunden. Es ist nun wichtig, zu klären: Hat ein Sturz vom Rand des Steinbruchs zu den tödlichen Verletzungen geführt? Wurde sie heimtückisch gestoßen oder ist sie bloß unglücklich gestolpert? Was hat sie gemacht und mit wem war sie zusammen? Oder in unserer Polizeisprache formuliert: Ist der Tod von Evelyn Böhm das Ergebnis einer Straftat oder eines unglücklichen Unfalls?“

Die anwesenden jungen Freunde hatten keine weiteren Fragen. PM Mayer gab dann die Gesprächszeiten bekannt. KHK Seybold und PM Mayer bildeten eine und KK Braun und sein Kollege die andere Gruppe, welche die Einzelgespräche führten.

Vorgesehen war, dass die Gespräche am Ende der Woche erledigt sein würden. PM Mayer entließ nun die ehemaligen Schulkamerad*innen und drückte auch noch jedem die Hand. Außenstehende hätten den Eindruck bekommen, da sprach ein Polizist in Uniform mit seinen Kumpels. Genauso, als wären sie miteinander verschworen. Ob das

Taktik war oder ein Ausdruck der Verbundenheit zwischen dem Ortspolizisten und den jungen Menschen? Jedenfalls begannen die salopp angesagten Unterhaltungen nach der Informationsveranstaltung im Stundentakt. Parallel im Verhörzimmer und im Nebenraum des Saales.

Die Polizeibeamten konnten mit jeder Person eine halbe bis zu einer Dreiviertelstunde sprechen und ihre Einschätzung notieren und bewerten. Schon am Abend des ersten Tages fassten die Beamten zusammen: Die jungen Männer und Frauen waren sehr kooperativ. Sehr offen sprachen sie über sich selbst und waren auch in ihren Äußerungen sehr fair gegenüber ihren ehemaligen Mitschülern.

Evelyn wurde schon früher von vielen bewundert wegen ihres unkomplizierten Umgangs mit den Jungs. In der Schulzeit war sie eine der beliebtesten Mitschülerinnen.

Keine und keiner sagte ihr etwas Schlechtes nach.

Zwischendurch sagte Seybold zu seinem Kollegen Mayer: „Es ist zum Haare raufen: Wir ermitteln in und mit einer Jugendgruppe, da ist alles möglich, das Unmögliche ist vielleicht das einzig Mögliche."

Darauf Mayer: „Du bist fast ein Philosoph. Aber recht hast du. Da sind alle unschuldig und vielleicht doch schuldig. Die bekannten und die unbekannten." Dann grinsten beide.

Bei den üblichen Zusammenfassungen jeden Abend in den folgenden drei Tagen wunderten sich die Polizeibeamten, dass hier alles so normal sei, oder war es nur provinziell?

Von Robert Singer erfuhren sie, dass Evelyn ein sehr aktives und attraktives Mädchen war. Sie war kurz vor und nach dem Abitur für ein paar Monate seine feste Freundin. Er wisse nicht ob er der Erste war, aber geschlafen hatte er schon mit Evelyn. Jetzt aber schon lange, so fast ein Jahr nicht mehr, mit ihr. Ihn störte es, dass sie gerne mit anderen Männern zusammenkam. Evelyn war immer gern bei den Studentenfesten. Die Verbindung zwischen Robert und Evelyn war von Anfang an sehr locker. Ein Grund zur Trennung war die Entfernung: Robert war nach dem Abitur beim Bund in Fürstenfeldbruck und Evelyn war in Tübingen beim Psychologiestudium. Erst im Sommersemester 1974, das letzte Semester vor der Gartenparty, studierte Robert auch in Tübingen. Da hatten sie nur noch wenig Kontakt miteinander. Zur Gartenparty luden sie aber noch gemeinsam ein. Das konnte diese Jugend so machen. Ohne Groll.

Nachdem Robert Singer das Verhörzimmer verlassen hatte, meinte PM Mayer zu seinem Kollegen: „So sind sie halt, die jungen Männer. Denen steht die Welt offen und von den Elternhäusern werden sie voll unterstützt. Roberts Vater ist der Chef der Zulieferfirma, ein kleines Fabrikle, hier am Ort. Produziert Teile für den Daimler. Und Gemeinderat ist er auch. Der Junge ist, wie sein jüngerer Bruder, in Ordnung.“

Bernd Ullstein erzählte, dass er Robert, Susanne und Renate gesehen habe, wie sie hintereinander aus dem Wald kamen. Er selbst hatte am Abend wenig Kontakt mit Evelyn. Auch hatte er wohl viel zu viel getrunken. Schwach erinnerte er sich, dass er auch zur Silbersandhöhle ging. Mit wem, wusste er nicht mehr. Mit Robert hatte er sich betrunken ans Feuer gesetzt. Sie hatten gekifft. Jaja, Robert war nicht sein bester Freund, aber im Übrigen ein feiner Kerl. Aber sonst wusste er nichts. Nur das, was alle wussten. Dass er bei seinen Schilderungen auch Humor bewies, veranlasste KK Braun zu der Bemerkung: „Humor ist gut, um mit verzwickten Situationen fertigzuwerden. Kann aber auch zudecken.“

Diese Bemerkung forderte bei PM Mayer und KHK Seybold bei der abendlichen Besprechung ein Kopfnicken heraus.

Erwin Köhler berichtete, er habe sich von den anderen leicht beschwipst verabschiedet. Das musste kurz nach Mitternacht gewesen sein. Das hatte wohl niemand gemerkt? Er rätselte auch, ob er mit Evelyn unterwegs gewesen war. Aber die könnte man ja jetzt nicht mehr fragen. Diese eher flapsige Bemerkung verursachte ein Stirnrunzeln bei KK Braun und seinem Kollegen. Und als ehemaliger Klassensprecher fragte er dann, auch wenn die Beamten sicher keine Antwort wussten: „Warum war eigentlich Helmut Kuhnle nicht da? Der war doch immer bei den Festen dabei gewesen und hat manchmal so komische Fotos gemacht. Und den Konrad Heusel hab‘ ich auch vermisst. Ah, die Birgit Fleischhauer auch.“

Da dachte nicht nur KK Braun, was dieser junge Mann noch alles wusste, wenn er so beschwipst gewesen war!

Alfred Rehm konnte nicht mehr sagen, ob und wie oft er zur Silbersandhöhle gegangen war. Er war, so behauptete er, noch nie im Steinbruch gewesen. Er hätte sich nie sehr um Evelyn gekümmert.

Irmgard Bleibtreu konnte sich noch gut erinnern: Evelyn hatte viel mit Robert geschäkert, aber auch mit den anderen. Sie musste sich sehr wohl gefühlt haben. Naja, Evelyn hatte sich schon immer unter all den Burschen einen raussuchen können, der ihr genehm war. „Für ihren Spaß und … Ach, sie war halt so, wie sie ist. Letztendlich ist es eine Katastrophe, wenn bei einem solchen friedlichen

Fest so etwas passiert“, bedauerte sie. Dazu nickten die Beamten nur.

Inge Mader und Renate Balles berichteten getrennt fast deckungsgleich, dass sie sich intensiv mit Michael und Roland unterhalten hatten, mit ihnen auch zur Silbersandhöhle gegangen waren, aber nicht zum Steinbruch. Sie wussten nicht, wo Evelyn nach Mitternacht gewesen war.

Michael Wälde bestätigte, dass er lange mit Inge und Renate zusammengesessen wäre. Zu Evelyn bemerkte er nur, dass diese schon sehr aufgeregt und fast hektisch den ganzen Abend die Aufmerksamkeit auf sich zog. Auch wenn man nicht wollte, man bemerkte sie laufend. Das sei schon immer so gewesen. In der Nähe des Steinbruchs war er in dieser Nacht nicht.

Roland Fröhlich fiel auf, zum einen redete er wie ein Buch und sagte zudem fast zu jedem Satz: „… ehrlich, wenn ich das noch genau weiß.“ Er musste mehrmals darauf hingewiesen werden, bei der Sache zu bleiben und nicht bis in die Grundschulzeit oder in andere Erlebnisfelder abzuschweifen. Auch er sei kurz nach Mitternacht nach Hause gegangen.

Susanne Wilder hatte sich am Abend sehr lange mit Evelyn unterhalten. Ihr war aber nichts aufgefallen. Evelyn sei wie schon immer gewesen. Lustig und fidel und voller Neugierde auf ihr Studentenleben. Evelyn sei so froh, beim Studium und von zuhause weg zu sein. Warum, konnte – oder wollte – Susanne nicht sagen.

Monika Reutter – nicht nur von PM Mayer als stille, zumindest ruhigere Zeitgenossin angesehen – konnte zum Abend nur Allgemeines sagen. Sie war nicht bei der Höhle, saß meist am Lagerfeuer und hatte während des Abends immer wieder das Geschirr gespült und sich um die Ordnung gekümmert. Bis sie dann schon vor Mitternacht allein nach Hause ging. Zu Evelyn bemerkte sie: „Die ist doch ganz anders wie ich“, und ergänzte, dass sie am Freitag kurz nach achtzehn Uhr am Bahnhof Evelyn getroffen habe. Sie hatten sich begrüßt und waren zusammen ein Stück weit Richtung Gartengrundstück Singer gegangen. Evelyn hatte ihren Rucksack dabei. Sie ging nicht nach Hause. Das habe sie gewundert. Und als Monika noch sagte: „Ich will ja nichts sagen, aber ich glaube, die ist sehr froh, nicht mehr bei Mama und Papa zu sein“, machten Seybold und Mayer schnell Notizen mit Ausrufezeichen.

Am Ende schauten die Beamten einander unsicher und hilflos an. Sie fanden bei den zum Teil sehr ausführlichen Schilderungen nichts Passendes, nicht eine Spur von irgendwem mit Evelyn zum Steinbruch. Konnten keinen zwingenden Verdacht formulieren.

Jeder Stein wurde x-mal umgedreht. Evelyns Unterhöschen wurde nie gefunden, obwohl unzählige Male das Gelände abgesucht wurde. Verwertbare Fingerabdrücke waren bei der Spurensuche und bei allen Bemühungen der Ermittler nicht zu finden. Ein Fall, der ein Rätsel bleiben würde?

„Wir haben etwas übersehen!“, jammerte PM Mayer. „Eine winzig kleine Kleinigkeit. Hat da nicht Sherlock Holmes gesagt: Nichts ist so wichtig wie Kleinigkeiten? Ja, das dürfen wir nie vergessen! Kleinigkeiten!“

Seybold und Braun schauten auf und letzterer meinte: „Du solltest kleine Dinge für wichtig halten, dann vollbringst du Großes. So ist es auch wieder. Gell?“ Er kicherte, worauf alle zusammen lachten.

Auch die weiteren Gespräche mit Helmut Kuhnle, Konrad Heusel und Birgit Fleischhauer ergaben keine Schlussfolgerungen.

Helmut Kuhnle berichtete, dass er am Abend um Singers Garten geschlichen war und auch gesehen hatte, dass fast alle zur Silbersandhöhle pilgerten, um Sand zu holen. Oder irgendwas. Er hatte aber keine Fotos gemacht. Gegen Mitternacht war er zu Hause.

Konrad Heusel wollte zur Party, konnte aber mit seinem Bruder nach Stuttgart ins Kino fahren.

Birgit Fleischhauer war am Abend tatsächlich nicht bei der Gartenparty und hatte garantiert nichts mit Evelyns Ableben zu tun.

Das zweite Gespräch mit den Eltern Böhm verlief chaotisch. Evelyns Mutter schimpfte und machte nur Vorwürfe. Besonders Robert und Alfred – oder war es Bernd? – hätten ihre Tochter ausgenützt und auf den falschen Weg gebracht. Auch die Schulkamerad*innen wären nicht gut zu ihr gewesen.

Der Vater jammerte und klagte, seine Tochter habe nicht auf ihn gehört, war zu den Klassenkameraden und zu fremden Männern zu offenherzig.

War der Vater hier ein penibler Anstandswauwau oder hätte er sich im Geheimen nicht eine engere Beziehung zu seiner einzigen Tochter gewünscht?, fragten sich die Polizeibeamten. Sie nahmen an, dass die Eltern wussten, dass Evelyn keine Jungfrau mehr war. Das wurde bei der gerichtsmedizinischen Untersuchung festgestellt. Allerdings konnte ein aktueller Koitus zwar nicht ausgeschlossen, aber auch nicht sicher festgestellt werden.

Abschließend bestätigten die Eheleute gegenseitig, dass sie zu Hause waren und sie ihre Tochter eigentlich erst am Samstagabend aus Tübingen erwarteten.

Nach Wochen und einer gründlicher Prüfung der Stimmigkeit der Aussagen aller Beteiligten, auch der angegebenen Alibis, musste Ortspolizist Mayer resümieren: „In der Summe haben unsere Gespräche mit den Anwesenden ergeben, dass wir keinerlei Hinweise auf eine Täterschaft einzelner Partygäste oder anderer uns bekannten Personen haben.“

Evelyn Böhm wurde auf dem Friedhof der Martinskirche in Mühlendorf beigesetzt. Es waren neben den ständigen Trauergästen auch einige Bekannte der Familie Böhm da. Kommilitonen und WG-Mitbewohner aus Tübingen waren mit einem Bussle angereist.

Auch Robert, Susanne, Inge, Alfred und Herbert waren da, körperlich, aber angestrengt und ohne ein Wort untereinander zu wechseln. Eine Gruppe junger Menschen, die nicht mehr miteinander kommunizieren konnte. Jeder für sich allein. Einsam im Dabeisein.

Viele ehemalige Klassenkamerad*innen hatten wichtige Termine, waren unabkömmlich oder auswärts. Oder sie schämten sich, oder waren befangen. Wer weiß!

PM Mayer war am Grab und kondolierte und zwei Kollegen in Zivil vom Landeskriminalamt in Stuttgart beobachteten die Gäste von der großen Linde her.

In den folgenden Jahren waren je nach Jahreszeit regelmäßig frische Tulpen, Narzissen, Sonnenblumen und Astern auf Evelyns Grab zu sehen. Auch eifrige Friedhofsbesucherinnen hatten nie gesehen, wer die Blumen hinstellte. Vermutlich war es ein Verehrer aus jugendlichen Zeiten oder eine Freundin.

Evelyns Tod bei der Party 1974 war für den Ortspolizisten und vor allem für das Landeskriminalamt mehr als eine ständige Anklage. Polizeiliche Ermittlungen, welche so ins Leere liefen, kein Ergebnis, nicht einmal eine Ahnung aufzeigten, waren nicht nur ein Ärgernis, nagten nicht nur an der Berufsehre, riefen Zweifel hervor an der eigenen beruflichen Fähigkeit, sondern deprimierten auch alle beteiligten Ermittler.

In den folgenden Jahren versuchte die SOKO Steinbruch – wenn auch eher sporadisch –, die Ermittlungen immer wieder aufzunehmen, die Alibis wurden nicht nur einmal überprüft. Nach fast zehn Jahren wurde die Sonderkommission Steinbruch aufgelöst. Vielleicht, weil PM Mayer in Pension ging. Das Rätsel um Evelyn konnte bis dahin nicht gelöst werden.

Und doch gab es ein Vielleicht – und in diesem Vielleicht steckte viel Hoffnung. Würde Kommissar Zufall helfen, den Mord, den Totschlag oder das Unglück, was immer es auch war, in späteren Jahren aufzuklären? Bis die Umstände und die Vorgänge um Evelyns Schicksal enträtselt sein würden, würde Zeit vergehen, auch weiter viel spekuliert und vermutet werden. Kamerad*innen, Polizeibeamte und andere Betroffene würden mehr erwarten, sich Lösungswege einbilden, sich überschätzen. Viel Hokuspokus würde bemüht, Überheblichkeit geübt. Man dachte dabei, dass es die Hoffnung sei, die zuletzt stirbt.

An ein trauriges Ergebnis darf erinnert werden: Klassenkamerad*innen, welche sich eine Schulzeit lang gut miteinander vertrugen, ihre Zukunft gemeinsam planten, spürten eine unfassbare Unruhe. Fast alle empfanden immer wieder Momente des Misstrauens. Begegnungen wurden gemieden und Vergessen war gewünscht. Fakt war auch: Der Abiturjahrgang 1972 hatte seit der Party am Wäldle nie mehr ein Klassentreffen oder eine Klassenparty veranstaltet.

Frau Böhm trennte sich von ihrem Mann und zog Anfang der 1980er Jahre von Mühlenstein weg.

Obwohl die Zeit und der Alltag vielfach und gründlich die Vergangenheit zudecken und verflüchtigen kann, war das Fest im Singer-Garten, das Wäldle mit der Silbersandhöhle und Evelyn Böhm, ihr Ableben im Steinbruch, bei allen bis ins hohe Alter immer wieder präsent. Da verjährte nichts.

Zweiter Akt (2020)

(5) Bernd kommt sich sehr ehrbar vor

‚Na, was ist denn das? Da komme ich zufällig an meinem Büro vorbei. Post ist da, für mich. Genaugenommen habe ich mein Architekturbüro an den Kollegen übergeben. Es ist also nicht mehr meins. Trotzdem: nett.'

Bernd Ullstein schaut auf den Briefumschlag, auf dem sein Name und die Adresse des Büros steht. ‚Oh, aus Mühlenstein? Eine Inge Braun, in Klammern steht dahinter: Mader.' Jetzt grinst er. ‚Oh je, das ist doch die „Sierra Madre", so hatten wir sie doch genannt. Komisch, aber ich bin gespannt.' Er liest den Brief und weiß sofort, dass er in ein paar Tagen in den Süden fährt. In seine Heimat, nicht nach Mühlenstein, aber nach Bergheim, keine dreißig Kilometer davon entfernt. Am Freitag, weil am Samstag sein ehemaliger Schulkamerad Robert Singer beerdigt wird. Nur kurz überlegt er, ob er sich das antun will. Eventuell … ach, es gehört sich so. Und eigentlich ist er neugierig. Und doch sehr angespannt … kribbelig. Wer ist alles da? Wer wagt es?

„Man ist doch alt genug, sich endlich mal wieder mit der eigenen Jugend zu konfrontieren! Schadet nicht und lädt zum Schmunzeln ein", sagt er am Abend zu seiner Frau.

Ein paar Tage später, am Freitagmorgen, bringt ihn seine Frau mit dem Auto zum Hauptbahnhof in Frankfurt und er verabschiedet sich beim Aussteigen.

„Pass auf dich auf! Du wirst am Samstagabend wieder da sein. Ruf an, dass ich dich vom Bahnhof abholen kann! Am Sonntag zum Mittagessen sind wir eingeladen!“, ruft ihm seine Frau noch zu. Ob er das gehört hat oder gar nicht hören wollte, kann nicht festgestellt werden.

Um 9:50 Uhr fährt der ICE am Hauptbahnhof Frankfurt ab und wird planmäßig um 11:52 Uhr in Stuttgart ankommen. Er war schon lange nicht mehr mit der Bahn unterwegs, auch andere öffentlichen Verkehrsmittel hat er nicht genützt. Seit einem halben Jahr sind an vielen öffentlichen Räumen und vor allem in den öffentlichen Verkehrsmitteln Schutzmaßnahmen gegen das Covid-19-Virus vorgeschrieben. Bernd fummelt auf dem Bahnsteig an den Bändern seiner Maske herum, hat aber diese Nase-Mund-Bedeckung vorschriftmäßig im Gesicht, als er einsteigt. Ohne genau hinzusehen, setzt er sich im Wagen vier des ICE auf einen freien Fensterplatz am Tisch. Vertieft sich in eine Fachbroschüre und schaut beim Halt in Mannheim zum Fenster hinaus. Schiebt seine Maske wieder über die Nasespitze hoch. Er vertieft sich wieder in seine Lektüre, da schnauft ihn eine Frau mit Koffer an: „Sie sitzen auf meinem reservierten Platz!“

Er schaut hoch zu ihr, registriert hinter der Parfümwolke eine gut gekleidete Person, hustet kurz in seine Nasemundbedeckung hinein. Mit strahlenden Augen sagt er in den Rosenduft hinein: „Das ist ja super, dass Sie endlich kommen! Ich habe den Platz extra für Sie freigehalten.“ Er steht auf und strahlt die herrische Dame an. „Bitteschön“.

Er registriert nicht mehr, ob sie verärgert ist oder ob ihr unter ihrem Mund-Nase-Accessoire ein Lächeln gelingt.

Ein paar Sitzreihen weiter nimmt er neben einer jüngeren, buchlesenden Frau Platz. Diese hatte seine Verjagung vom Fensterplatz amüsiert beobachtet.

„Hallo, bis Stuttgart bin ich nun dabei.“ Und als er sieht, dass sie ihr Buch weglegt und mit lächelnden Augen sich zu ihm wendet: „Da sind wir ja bald. In Stuttgart. Wohin fahren Sie?“

Er kommt mit einer jungen Dame ins Gespräch, eine, die nicht erschrocken ist und die auch gerne einem älteren Mann zuhört.

Er erzählt – die Mund-Nase-Bedeckung ist zum Hals runtergerutscht – erst über das Leben in Frankfurt und immer mehr von der Jugendzeit.

Schnell erkennt sie, dass der Ort seiner Jugend nun Ziel seiner Reise ist.

Während er so erzählt und ins Schwärmen kommt, sieht er in den Haaren seiner Zugbekanntschaft die Frisur, wie sie damals auch Evelyn trug. Leicht gelockte, lange braune Haare. Er stutzt kurz, fast beginnt er zu stottern. Dabei sieht er ihren klobigen Ring am Zeigefinger, genau wie ihn Irmgard Bleibtreu damals trug. ‚Wiederholt sich da etwas?' Er holt tief Luft und grummelt zuerst und dann schweigt er.

Spontan zieht er seine Mund-Nase-Bedeckung hoch, sodass er mit den Augen darüber blickt.

‚Und hat die junge Dame nicht auch was von Susanne Wilder?' Er zuckt mit den Schultern. ‚Mit der hätte es doch fast geklappt. Obwohl, die hat doch …'

‚Ach, wenn die Susanne nur einmal gesagt hätte, ich möchte gern mit dir spazieren gehen, hätte ich sie in die Arme genommen, und alles wäre gut gewesen. Oder war das die Ev? Hinter der waren wir doch alle her. Oder auch nicht.'

Schon damals machten sich manche Mädels interessant, indem sie sich als „glücklich einsam" kreierten und keinen Schritt nach vorne machen mussten. ‚Wollten sie damit vielleicht ihre Selbstständigkeit beweisen?', sinniert Bernd und presst unter der Maske seine Lippen zusammen.

In Stuttgart fährt der ICE auf Gleis fünfzehn in den Hauptbahnhof ein. Auch wenn er zuletzt schweigend bei seiner Gesprächspartnerin saß, verabschiedet er sich mit einem Nicken und einem freundlichen „Alles Gute“ durch seine Corona-Maske. Er steigt aus und nimmt sich vor, nicht den nächsten Expressregionalzug nach Bergheim zu nehmen. Er hat dadurch fast zwei Stunden Zeit. Den kleinen Koffer schließt er ins Schließfach ein und kann die Baustelle zum Tiefbahnhof „Stuttgart 21“ etwas genauer mit seinem Architektenblick betrachten. Von den Stegen zwischen den Gleisanlagen des Kopfbahnhofes und dem noch übriggebliebenen Gebäude des Bonatzbaus sieht er in die Baugrube hinab und kann die formschönen und ungewöhnlichen Kelchstützen sehen. Es sind noch nicht mal die Hälfte der geplanten achtundzwanzig errichtet. Aber er erkennt schon die verschiedenen Typen: sogenannte Rundkelche, Vollkelche und Restkelche. Die Verschiedenheit ist der Position in der Gesamtkonstruktion und der damit verbundenen Statik geschuldet. Zusammen mit den großzügigen Lichtaugen bilden die Kelche nach Fertigstellung das imposante Dach, das die neue Bahnsteighalle überdecken wird.

Bernd Ullsteins Architektenherz schlägt höher. Da hat ein Kollege, Stararchitekt Christoph Ingenhoven aus Düsseldorf, schon in den 1990er

Jahren einen Tiefbahnhof geplant, der noch in diesen Tagen modern und zeitgemäß ist.

Voller Bewunderung schaut er zur nördlichen Baugrube. Hier werden die Züge aus dem Norden den künftigen Hauptbahnhof erreichen. Im Detail sieht Bernd die Komplexität des Unternehmens „Stuttgart 21" hinsichtlich der architektonischen Leistung, aber auch in der Ausführung des Vorhabens. Hier ist alles gefragt, was das Bauwesen hergibt: Brückenbau, Tunnelbau, Spezialtiefbau, auch eine Unterfahrung des riesigen Gebäudes der ehemaligen, denkmalgeschützten Bahndirektion.

Bernd nimmt sich vor, in ein paar Jahren wieder hier Station zu machen und den fertigen Tiefbahnhof zu sehen.

Über einen der zwei weitläufigen, überdachten Stege von den Gleisanlagen kommt er in den Bonatzbau. Dieser wurde ausgekernt: Alle Kioske, Obst- und Verpflegungsstellen, auch Cafés und Bistros sind entfernt. Dafür sind in der stattlichen Halle riesige Wandflächen von Sprayern neuzeitlich gestaltet, abstrakt und figürlich. Bunt, grell und sanft. Eine bunte Welt in einem leeren Bahnhof: die Graffiti-Schau im Hauptbahnhof in Stuttgart. Bernd sieht einige, nicht nur junge Menschen, welche hier sich mit diesen Hintergründen ein Selfie machen. Auch er knipst sich mit seinem Smartphone. Er wird das Foto per WhatsApp versenden. Oder auch nur den anderen Gästen in Bergheim zeigen.

Auf der Königstraße holt er sich an einem Stand – den gab es schon vor über vierzig Jahren an derselben Stelle – eine schwäbische Brezel, auch hier mit Nase-Mund-Schutz. Zum Reinbeißen auf dem Weg zum Bahnhof nimmt er dieses Bedeckungsutensil ab. Er bleibt kurz stehen, genießt den Duft der frisch aufgebackenen Brezel, den fluffigen Bauch und die krossen, dünnen Ärmchen. Ein Hochgenuss. Er ist angekommen im Schwabenland. In der Heimat.

Auch im Regionalzug haben alle eine Mund-Nase-Bedeckung im Gesicht. Nur vereinzelt sieht man die Nasenlöcher frei. ‚Schade', denkt er, ‚auch wenn sich viele mit originellen Stofffetzen das halbe Gesicht verdecken, ein Lächeln am Mund zu sehen ist alleweil schöner.'

Nach nicht einmal einer Stunde Fahrt mit unzähligen Halten wird die Haltestelle Bergheim angesagt, „rechts austeigen". Bernd steigt aus, entledigt sich seiner Mund-Nase-Bedeckung, und will sich mit seinem Koffer auf den Weg zum Gasthaus und Restaurant „Löwen" machen. Da steht eine gut gekleidete Dame mit einem Businesskoffer neben ihm. Auch sie will zum „Löwen". Ein Meeting von Investoren wird dort stattfinden. Auf dem Weg zum Gasthaus kommen sie ins Gespräch. Die Dame ist redselig, berichtet ihre Sorgen: „Ach, wie gehen wir da miteinander um? Da reibt einer das Auto nach dem Durchfahren der Waschstraße trocken, einer im dunklen Business-Anzug steht daneben, raucht und schaut gelangweilt zu. Fremder Leut‘ Dreck wegmachen ist demütigend.“ meint sie etwas pikiert und spricht weiter: „Andererseits ist der eine doch froh, wenn er Arbeit hat. Und der andere, dass er arbeiten lassen kann.“

„Oh ja, da sind wir mitten im Hegel-Land: im Sowohl-als-auch-Land!“

Bernd kommt sich geradezu erweckt vor, ehrsam erweckt, und betont: „Ja es ist furchtbar, sich von anderen die Schuhe putzen zu lassen. Aber es ist ebenso furchtbar, sie nicht von anderen putzen zu lassen. Es ist so: sowohl als auch, auf jeden Fall furchtbar.“

Gemeinsam gehen sie zum Hoteleingang, die Businessfrau und Bernd verabschieden sich mit dem nepalesischen Gruß „Namaste“. Die Innenhandflächen aneinander vor der Brust gehalten mit einem Lächeln und einem Nicken. Die Namen haben sie nicht ausgetauscht.

Nachdem die Dame eingecheckt hat, wendet sich Bernd der Empfangsdame hinter der Rezeptionstheke zu. Eine kupferblonde Rubensschönheit schaut ihn freundlich an und heißt ihn willkommen. Ihr Namensschild, angebracht über dem voluminösen Busen, kann er nicht lesen. Er lächelt unter seiner Nasen-Mund-Bedeckung, nennt seinen Namen.

„Nochmals herzlich Willkommen. Herr Ullstein. Ihr bestelltes Einzelzimmer ist im zweiten Stock, dort ist der Aufzug neben der Treppe und hier haben Sie die Schlüsselkarte."

Bernd hört angestrengt zu, schaut interessiert der Dame ins Gesicht, stellt sich einen wohlgeformten Mund unter der Maske vor und denkt noch: ‚Ist das die Empfangsdame oder eine Reinigungskraft, die zufällig hier steht?'

Mit Blick auf die Zimmerkarte ist ihm klar, dass sein Zimmer die Nummer dreiundzwanzig hat. Er bedankt sich und geht zur Treppe, wundert sich, dass ein Zimmer für ihn vorbestellt ist. ‚Ich habe für mich doch keins bestellt. Nachher muss ich die Inge fragen, ob … Ach ja, eine Nette war das doch an der Anmeldung.'

Auf dem Zimmer angekommen, nimmt er seine Alltagsmaske ab und schaltet den Fernseher ein, während er seine wenigen Reiseutensilien im Bad und Schrank unterbringt.

Im Fernsehen ertönen fortwährend Appelle. Die Corona-Regeln werden ausführlich und stereotyp, fast bedrohlich verkündet und mit Warnungen vor der Viruskrankheit untermalt. Er macht sich frisch, will noch ein anderes Fernsehprogramm wählen, schaltet den Apparat aber aus und setzt sich an den kleinen Schreibtisch.

‚Mannomann, ich habe über eine Stunde Zeit, bis wir ‚alte Mühlensteiner' uns hier in Bergheim wiedersehen. Mein Gott, waren das doch Zeiten. Und jetzt beerdigen sie schon den ersten! Oh ja, nein, die Evelyn war die erste. Schon sehr lange her. Wer weiß das noch?'

Er steht auf und schaut durchs Fenster auf einen herbstlich bunten Park.

‚Ja, die Evelyn. Das war eine Marke für sich. Ein einnehmendes Wesen, eine Bubenfängerin. Sie hat doch auch mir und meinem Nebensitzer Robert den Kopf verdreht.'

Bernd geht zurück und setzt sich in den kleinen Sessel am Beistelltisch.

‚Robert, der Fabrikantensohn, war viel direkter an Evelyn dran als ich. Er war der King bei den Mädels. Zum Abi bekam er von seinen Eltern den Führerschein und einen NSU Prinz. Weiß wie die Unschuld', lächelt er still.

‚Da hab ich doch großzügig auf sie verzichtet.' Er macht eine Schnute, als ob er das selbst nicht glaubt. ‚Hab sie ja schon gestriezt, richtig geärgert. Aber eigentlich war sie doch eine Nummer zu groß für uns alle. Hab das gleich erkannt. Andere nicht! Aber …'

Bernd kommt ins Grübeln, Bilder von der Schule, den unzähligen Unternehmungen mit den Klassenkameraden und auch von der Party im Singerschen Garten-Grundstück am Wäldle zur Silbersandhöhle wechseln sich ab, erscheinen und verschwimmen.

‚Was war das für ne tolle Zeit. Jugend, die Welt gehörte uns. Und nun ist alles nur noch eine Vorstellung. Vielleicht auch eine Täuschung.'

Er atmet tief ein und sieht sich auf dem Friedhof an der Martinskirche in Mühlenstein. Dort war er vielleicht drei Jahre nach der Party mit dem schrecklichen Ende. Allein am Grab der Evelyn Böhm. Hat Blumen niedergelegt und nicht das erste, auch nicht das letzte Mal an sie gedacht. Er hat sie immer wieder im Alltag vermisst, nicht nur in den stillen Stunden. Ihr Lachen, ihre großen Augen und ihr Winken. Die dunklen Schimmer der Verworrenheit – ist es Einbildung und Trugbild? – will er beiseite wischen.

Wer war auch immer dabei? Im Steinbruch hinter der Silbersandhöhle, als das Unglück mit dem irreparablen Ergebnis geschah? Er? Und waren wir nicht alle dabei?

Ja, Evelyn, Robert und alle anderen? Was war und wie ging es weiter? Über Jahrzehnte hatten wir keinen Kontakt mehr untereinander. Nur noch nach vorne geschaut.

Es ist ihm wie eine Fata Morgana. Hier und jetzt im Löwen in Bergheim, wo er und andere Klassenkameraden zusammenkommen werden, um Roberts, Evelyns Freund zu Abiturzeiten, zu gedenken. Irgendwie stört da der Gedanke an Evelyn.

Bernd schüttelt die Schultern, schaut auf die Uhr, versucht, alle Illusionen zu unterdrücken, und schließt sein Zimmer, geht mit Alltagsmaske kurz vor neunzehn Uhr über den Flur zum Lift, der ihn zwei Stockwerke tiefer zum Nebenzimmer des Restaurants bringt.

Schon beim Eintritt sieht er, wie eine Dame mit einer Hotelangestellten einen Esstisch für zehn Personen herrichtet.

Bernd grüßt durch die Maske: „Hallo, bin ich hier richtig?“ Beide schauen hoch.

Die Dame in einem flotten Kostüm kommt auf ihn zu: „Ja, hier ist das Treffen. Und wer sind Sie, bist du?“

„Ich bin der Bernd. Immer noch der Bernd Ullstein.“ Er zögert kurz. „Und du bist die Inge Mader, gell?“

Während die Hotelangestellte die Tischdekoration vollendet, kümmert sich Inge um Bernd: „Schön, dass du da bist, Bernd. Hab fast nicht damit gerechnet, dass du kommst. Aus der fernen Großstadt und …“

Da unterbricht Bernd: „Ach, Inge. Ich komme, weil es mir wichtig ist. Robert, der Rob, war mein Nebensitzer. Oft auch mein Gönner! Wir haben viel miteinander erlebt und … ach, das weißt du doch. Vielleicht nach all den Jahren?“

„Oh je, Bernd, ich weiß nur noch ganz genau, dass du und Robert mir den Namen Sierra Madre gegeben habt. Heut ist mir das schnuppe. Heiße ja nun Braun. Aber lustig war es doch.“

„Bis zur Party im Gartengrundstück von Roberts Eltern, einer lustigen Party mit einem schrecklichen Ende für Evelyn … Unsere Wege trennten sich … ach, wirklich konsequent. Nun wollen wir … schauen, wie der Abend und der morgige Tag werden.“

„Ja, Bernd. Denke, dass die anderen auch bald auftauchen.“

(6) Irmgard schimpft auf die Hormone

Jetzt erreicht es sie auch: Aufgeregtheit, Hitze, Frostiges, ein Durcheinander. Dabei hatte Irmgard Mommsen, geb. Bleibtreu sich sehr gefreut. Inge Braun, die ‚Sierra Madre', hat ihr geschrieben. Lange hatte sie aus Mühlenstein, dem Städtle, in dem sie aufgewachsen war und Abitur gemacht hatte, nichts gehört.

Oh, natürlich ist der Anlass des Briefes nicht erfreulich. Robert Singer ist gestorben. In Bergheim sei Beerdigung.

‚Ja, es ist sicher an der Zeit, die Klassenkamerad*innen zu sehen. Man sollte sich nach dieser unendlichen Zeit des schlummernden Unbehagens einen Lichtblick zumuten. Bevor' – sie wagt es kaum zu denken – ‚noch weitere Schulkamerad*innen nicht mehr auf dieser Welt sind.'

Spontan beschließt Irmgard deshalb nach Bergheim zu fahren. Am Freitag. Zu schauen, wer es auch noch wagt.

Jetzt sitzt sie im Familienauto und fährt zügig auf der Autobahn über Karlsruhe Richtung Stuttgart. Ein Blick auf die Uhr zeigt ihr, dass sie sehr früh dran ist. Auch wegen unerklärlichen Hitzewallungen fährt sie in Pforzheim von der Autobahn, parkt vor einem Café, das sie von früher her kennt. Bevor sie das Café betritt, legt sie ihre Alltagsmaske an. Am Eingang desinfiziert sie ihre Hände und trägt ihren Namen, Anschrift und ihre Telefonnummer in eine Liste ein – wie es die Corona-Regeln für den Besuch eines öffentlichen Cafés vorschreiben – und wird von einem jungen Mann zu einem freien Tisch geführt. Sie setzt sich und kann die Maske abnehmen. Corona! Eine ältere Frau fragt durch ihre Maske hindurch: „Guten Tag, was darf es sein?“

Irmgard bestellt und bemerkt das freundliche und bestimmte Auftreten der Caféangestellten. Auch das recht freizügige Outfit dieser älteren Dame. Mit einem Büstenhalter präsentiert diese ihren üppigen Busen und eine dünne Halskette, die dazwischen hin und her pendelt.

‚Nix für Irmgard - die Bedienung wäre eher was für Bernd und Robert, für letzteren ist es aber zu spät. Ja, wenn man noch jünger wäre … und nicht schon tot‘, sinniert sie und wundert sich.

Kaum ist sie auf dem Weg zu ihren ehemaligen Klassenkameraden, schon sind ihre Gedanken bei denen.

Als das Gedeck mit einer Schwarzwälder Kirschtorte, einer kleinen Kanne Tee und einem kühlen Mineralwasser auf ihrem Tisch platziert ist, bedeckt sie Nase und Mund mit ihrer Alltagsmaske und geht zur Toilette. Der leicht süßliche Duft des aromatischen Tees muss im Flur zur Toilette dem beißenden Desinfektionsgeruchs weichen. Als Apothekerin ist dieser ihr nicht fremd. Sie hat das Bedürfnis, sich frisch zu machen, wäscht gründlich ihre Hände, so sauber, dass diese mehr als unschuldig aussehen. Sie kämmt ihre Haare und prüft kritisch ihr Make-up um die Augen. Ja, ja, die Augen … die waren doch damals so wichtig. Später trugen manche eine Brille. Brillenschlange sagten sie in den unteren Klassen zu den Trägerinnen.

‚Ja, sie hatte eine, Evelyn nicht, die hatte nur große braune Augen. Oder waren die grünlich?‘

Auch an Alfred denkt Irmgard. ‚Ob er immer noch so schüchtern ist? Wie komisch er drauf war, immer wieder. Er hat sich nicht in die Karten gucken lassen.‘

Sie verzieht ihr Gesicht und kneift das linke Auge zu.

‚Meine Güte! Da bin ich nun eine diplomierte Apothekerin und habe bis vor zwei Jahren mit meinem Mann eine Apotheke im Badischen geführt, habe zwei Kinder großgezogen und nun plagen mich solche Gedanken.‘

Als sie wieder im Auto sitzt und zur Autobahn fährt, wird es ihr fast schwindelig. Sie hört im Radio eine Musiksendung, flotte Musik und launische Kommentare. Das lenkt ab. Trotzdem spürt sie immer wieder, wie die Hitze ihr bis zum Hals hoch wallt und gleichzeitig ihre Hände eisig kalt erscheinen. Nein, Wechseljahre können das nicht sein. Darüber ist sie schon hinweg. Gott sei Dank! Aber warum ist es ihr heiß-kalt auf dem Weg zur Beerdigung und zum Wiedersehen der Klassenkamerad*innen nach über vierzig Jahren?

Sie wechselt am Stuttgarter Kreuz von der A8 auf die A81 nach Böblingen und fährt dann über die Landstraße nach Bergheim. Dort zeigt ein Wegweiser zum Hotel Löwen und Irmgard parkt ihren Volvo auf dem Hotelparkplatz. Mit dem kleinen Koffer geht sie zur Rezeption. Ihre Alltagsmaske setzt sie auf, sie schwitzt auch schon an Kinn, Mund und um die Nase. An der Anmeldung heißt sie ein älterer Herr willkommen. Schon sprudelt unter der Maske aus ihr heraus: „Ich komme zur Beerdigung des Schulkameraden Robert Singer morgen. Sind schon welche da?“

„Nein, aber Sie sind ja nun da. Frau Braun hat für den Abend das Nebenzimmer reserviert. Sie können schon Ihr Zimmer beziehen und nachher im Café etwas zu sich nehmen, wenn Sie nicht oben bleiben wollen. Die Minibar ist aber nicht gefüllt. Leider. Corona-Vorschriften.“

Allein im Zimmer, packt sie ihren Koffer aus, macht sich im Bad frisch und kämpft ständig gegen heftige Hitzewallungen an. Sie setzt sich, stützt beide Ellenbogen auf die Schreibtischplatte.

Mit den Fäusten an den Backen schaut sie ins Leere.

‚Wer hatte und hat denn noch Kontakt mit wem? Wer hatte noch Kontakt mit Robert? Fast alle waren doch nicht mehr an Begegnungen untereinander interessiert. Wer lebt noch in Mühlenstein? Oder in der Umgebung? Ja, die Inge wohl. Aber sonst? Bin ich die Einzige, die über vier Jahrzehnte lang keinen Kontakt mehr mit Robert hatte?‘

Siedend heiß wird es ihr bei dem Gedanken an Evelyn. ‚Ich hatte doch nichts mit Evelyn oder mit Robert! Was auch? Oder doch?‘

Ihre Gedanken überschlagen sich.

‚Damals hat die Polizei alles versucht … warum hat die Polizei den Unfall nicht klären können? Damals war es ein Unfall, oder etwa nicht? Und jetzt ist Robert auch bei einem Unfall gestorben? Gott sei Dank wird Robert hier in Bergheim beerdigt und nicht in Mühlenstein. Evelyns Grab wird es in Mühlenstein an der Martinskirche nicht mehr geben.‘

Irmgard zieht ihre Schuhe aus, atmet tief ein und bereut ein wenig, dass sie zu diesem Klassentreffen – oder wie man es sonst nennen soll – anlässlich der Beerdigung gefahren ist. Sie muss sich ablenken, zieht die Schuhe wieder an und geht ins gasthofnahe Café. Dort wird sie von einer adrett gekleideten Kellnerin bedient.

Obwohl Irmgard schon viele Jahre keinen Alkohol mehr trinkt, bestellt sie ein Glas vom trockenen Riesling der Heilbronner Winzergenossenschaft. Sie nippt am Glas. Es wird ihr warm und sie schaut zur Kellnerin, die ihr freundlich zunickt. Die leise Musikberieselung und der frische, trockene Riesling könnten für gemütliche Caféatmosphäre sorgen, wenn nicht Irmgards Gedanken im chaotischen Wechsel hin und her springen würden. Auch der ungewöhnliche Alkoholgenuss kann ihre Wallung nicht beruhigen.

‚Wer weiß da was? Inge, die Sierra Madre? Und war da nicht Michael, da war was mit ihm und Robert? Oder vielleicht war es Alfred, der sich auch in Evelyn verguckte, aber keine Chance hatte, bei ihr zu landen? Hat er dann bei Moni sein Glück versucht? Warum interessiert mich jetzt Evelyn? Ich bin doch zu Roberts Beerdigung hier. Aber Robert und Bernd, die hatten doch miteinander auch immer wieder Stress? Was? Wegen Evelyn. Die beiden waren damals die Stars der Klasse. Nicht so bei den Noten. Nein, bei den Mädels! Robert Vater leitete ein kleines Fabrikle mit fünfzehn Mitarbeitern und Bernd war der Sohn des Chefarztes im kleinen Klinikum in Mühlenstein. Aber nicht nur deshalb. Jede war doch stolz, wenn einer der beiden sich interessierte und …‘

Fast unerträglich heiß kribbelt ihr die Hitze den Rücken hinauf, da hilft auch kein zweites Glas Riesling. ‚Evelyn und Robert? Evelyn und Irmgard? Irmgard und Robert?‘

Es sind die Hormone. Und es waren die Hormone damals, die zu Umtrieben führten. Noch heute sind sie versteckt und bringen den Körper in Wallung. Es ist ihr heiß und kalt zugleich. Sie spürt es und will sich nicht mehr erinnern, kann aber nicht ausweichen. Die Hormone, die damals für Orientierungslosigkeit sorgten und heute Verwirrung stiften. Immer mehr erkennt sie, dass Evelyn Böhm bei der Beerdigung von Robert Singer die dominante Figur sein wird. Eine Erscheinung, aber kein Trugschluss. Und sie, Irmgard, bildet sich das nicht nur ein.

Es dauert, sie ruft die Kellnerin, zahlt, lächelt unsicher, aber freundlich und verlässt das Café. Beunruhigt geht sie in ihr Zimmer, ordnet hektisch ihre Schminkutensilien im Badezimmer, öffnet absichtslos den Kleiderschrank. Auf ihr Smartphone schaut sie wie gebannt und kann dort keinen längeren Bericht zur Lage der Pandemie in Baden-Württemberg am Stück lesen. Durch alle Apps tippt sie sich, ohne die Informationen wahrzunehmen. Sie wartet ungeduldig, mit einem Grummeln im Bauch, bis neunzehn Uhr. Dann wird sie zum Treffen gehen.

(7) Erwin erinnert sich an seinen ersten Kuss und Susanne will nicht über Politik diskutieren

Susanne Wilder ist früh dran und schaut entspannt von der Bahnhofstreppe in Konstanz hin zum Parkplatz. Von dort will er, Erwin Kuhnle, rechtzeitig kommen, um mit ihr für zwei Tage nach Bergheim zu fahren.

Dort wollen sie sich mit einigen „Mühlensteiner 1972-Abiturkolleg*innen“ treffen und ihrem jüngst verstorbenen Schulkameraden Robert Singer die letzte Ehre erweisen.

Wenn ein Zufall Glück bedeutet, treffen sich Menschen wieder zu einer Zeit, in der sie sich vertragen.

Vor sechs Monaten, Anfang März 2020, hatte Susanne Wilder einen freien Nachmittag und schlenderte in der Frühlingssonne am imposanten Gebäude „Sea Life“ vorbei zum Seeufer. Sie blinzelte in die Sonne und bemerkte einen Mann, der anscheinend ziellos einen Fuß vor den anderen setzte. Sie schaute genauer und sprach ihn an: „Wenn das kein Zufall ist! Rob! Robert Singer aus Mühlenstein.“

„Hä“, druckste der, „woher kennen Sie … ach, kann das sein, aus Mühlenstein, du bist die Suss, die Susanne?“, fragte er verblüfft.

„Ja, ich bin Susanne Wilder, bin hier im Hotel in Konstanz beschäftigt. Was machst du hier, Rob?"

„Vier Tage Fortbildung für pensionierte und interessierte Kollegen: Geografie, Bodensee, Höri. Ist ja nach dem Berufsleben mein Hobby. Heut Mittag haben wir frei."

„Toll, da können wir doch … ach was, ich ruf gleich den Erwin an. Den Erwin Köhler, der ist an der Uni hier und wohnt in Allensbach. Komm, wir treffen uns und tratschen, was unsere Welt so alles hergibt."

„Hm, vielleicht …"

„Klar, das machen wir. Rob. Du, da drüben ist die Pizzeria, im Wintergarten können wir … Um 18 Uhr? Geht das?"

So trafen sich Robert, Erwin und Susanne am Abend im Wintergarten der Pizzeria, weil es draußen am Bodensee im Frühlingsmonat noch sehr frisch war.

Alle drei empfanden das Treffen überwiegend als eine lustige Angelegenheit. Nur manchmal, wenn die Sprache allzu direkt auf die Abitur-Zeit und danach kam, stockte die Unterhaltung. Susanne spürte, dass es Robert unangenehm war, über Klassenkameradinnen, besonders über Evelyn und Irmgard, zu sprechen. Er hatte anscheinend auch schon lange keinen Kontakt mehr gehabt mit seinem einstigen Kumpel Bernd.

Im Nachhinein war es eher eine denkwürdige als eine lustige Zusammenkunft.

Ein paar Tage nach diesem eher zufälligen Wiedersehen der drei aus Mühlenstein wurden in Deutschland Vorsichts- und Verhaltensregeln gegen ein unheimliches und auch tödliches Virus bekannt gegeben.

Susanne sieht Erwins Frau mit dem VW-Bus zum Konstanzer Bahnhofsparkplatz einbiegen. Von Allensbach hat sie ihren Erwin zum Bahnhof Konstanz gebracht. Er steigt aus, verabschiedet sich mit einem Kuss durch die Luft und geht mit seiner Tasche die Bahnhofstreppe hoch zu Susanne. Sie begrüßen sich mit dem nepalesischen Gruß „Namaste", den die Bergsteigerikone Reinhold Messner in diesen Corona-Zeiten populär gemacht hat. Währenddessen fährt Erwins Frau vorbei und sie winken ihr noch zu. Dann gehen sie zur Schweizer Bundesbahn, legen ihre Mund-Nasen-Bedeckung an und steigen in den Zug ein. Der Seehas-Express fährt pünktlich um 10:53 Uhr ab und in Singen steigen sie um. In den IC nach Stuttgart, wo sie planmäßig um 13:32 Uhr auf Gleis drei ankommen. Die Bahnfahrt von Singen nach Stuttgart dauert über neunzig Minuten. Nebeneinander finden sie einen Platz, da nur wenige Bahnkunden im Großraumwagen Platz genommen haben, und ziehen ihre Jacken aus, machen es sich gemütlich.

„Mensch, Erwin, seit dem Treffen mit Robert haben wir nur ein paar Mal telefoniert, aber uns nicht mehr gesehen.“

„Ja, der Sommer war eine Katastrophe. Das Virus hat uns alle im Griff gehabt. Eingesperrt. Noch jetzt und eigentlich noch mehr bedecken wir unseren Mund und unsere Nase. Warum?“

„Hm. Der Robert. War doch schon ein wenig seltsam. Damals in der Pizzeria. Und jetzt ist er tot.“

„Irgendwie hatte das Treffen im Frühjahr mit Robert etwas Irrationales. Ich hatte ihn nicht sofort erkannt – nach über vierzig Jahren. Er ist mit uns, ohne zu zögern, in die Pizzeria und wir sprachen miteinander, als ob das letzte Zusammentreffen erst die Woche davor stattgefunden hätte.“

„Ja, ja, der Robert. Er war uns schon immer fremd und in Konstanz im Frühjahr war er sonderbar. Er lebte schon früher und jetzt erst recht in seiner Welt.“

Susanne zögert, bewegt ihren Kopf leicht hin und her: „Und jetzt ist er tot. Was heißt das wohl? Er, der Robert, kann nicht tot sein. Wenn er, der Robert, da ist, ist der Tod nicht da. Und wenn der Tod da ist, ist kein Er, kein Robert, mehr da.“

Erwin reißt verblüfft die Augen auf: „Das ist höhere Philosophie. Mannomann! Hast wahrscheinlich recht. Was heißt das für die Toten? Sind das dann Phantome oder Phantasmas? Ungeklärte? Rätselhafte? Sonderbare? Phantasmatisch …“

„Bleibt uns wahrscheinlich nur die Erinnerung. Die Erde und die Asche. Ach, wir erinnern uns doch auch an Evelyn. Ab und zu und jetzt bestimmt auch.“

Beide schauen zum Fenster hinaus. Sie fahren an einer herbstlichen Landschaft vorbei: bunte Blätter an den Bäumen, grüne, erst kürzlich gemähte Wiesen und braune, abgeerntete Mais- und Getreideäcker. Nach dem kurzen Halt in der Kleinstadt Spaichingen an der Prim, am Fuße des Dreifaltigkeitsberges, fragt Erwin dann noch nach Inge, der Sierra Madre, nach Alfred und Roland Fröhlich.

Aber Susanne will auf seine Fragen nicht eingehen. Vielleicht kann sie es auf der Hinfahrt nach Bergheim noch nicht. Auch die wiederholte Frage nach Bernd Ullstein ignoriert sie. Das ermuntert Erwin, über seine zwei erwachsenen Töchter und den Sohn Storys eines Opas mit den drei Enkelkindern zu erzählen. Sichtlich herausgefordert durch Susannes Schweigen schwärmt er plötzlich von seiner Kindheit, Schulzeit und Jugend. Ihm hat es am Albert-Schweitzer-Gymnasium sehr gefallen, Mühlenstein war für ihn ein Paradies. Freiheit, Freunde, gute Freunde. Alles gut.

Susanne reist die Augen auf, versteht die Welt nicht mehr. Was Erwin sagt und wie er das sagt. Stolz und glücklich. Man sieht es ihr an, wie sie neugierig und interessiert zuhört.

Mit dem Lächeln eines kaum zehnjährigen Jungen erzählt Erwin, dass er keine der Klassenkameradinnen geküsst habe. Da lacht Susanne lauthals und bedauert nicht, dass er es bei ihr nicht versucht hat, und fragt anmaßend: „Aber, Erwin, hast du wirklich nichts gehabt mit der Evelyn? Alle waren doch scharf wie Rettich hinter ihr her, wie die Gärtner sagen."

„Oh je. Nein, ich war zu naiv. Habe ja erst viel später, mit meinem erstes Diplom in den Händen… Habe mit der Kommilitonin bei Sekt gefeiert. Dann war es so weit. Ein Kuss! Ohne Schuss!" lacht er und betont: „Das war für mich die Kusspremiere mit der Frau, die ich ein Jahr später heiratete und sie mich." Wieder lacht er und fährt fort: „Haha, nicht mit dem Kussdiplom. Die Urkunde habe ich für die bestandene Prüfung in den Sozialwissenschaften erhalten. Haha."

Als er dann ansetzt, die Zeremonie ausführlich zu erzählen, unterbricht ihn Susanne: „Aber, Erwin, wir sind gleich in Rottweil. In dieser ältesten Stadt in Baden-Württemberg findet der Narrensprung statt. Weltberühmt. Nur in diesem Jahr ist der Sprung und die ganze Narretei ausgefallen.“

„Jaja, vor ein paar Jahren hab‘ ich mir das Rumgehüpfe zusammen mit meiner Familie angeschaut. Das ist schon eine wundersame Sache. Auch unheimlich. Sonderbar und rätselhaft. Aber meiner Frau hat es gut gefallen.“

Immer wieder wird Susanne berührt von Erwins Begeisterung für seine Familie, besonders für seine Frau. Unangenehm und doch so heimelig. Mit welchem Stolz er von seiner Frau und Familie erzählt. Das ist für Susanne immer wieder rätselhaft, sonderbar und phantasmatisch.

Nach ein paar Minuten Stille überlegt Susanne überraschend: „Eigentlich haben wir den Unfall von Evelyn nie richtig verarbeitet. Keine und keiner von uns. Hat sich je einer von uns darum bemüht?“

„Ach, das ist schon lange her. Jetzt fahren wir doch zur Beerdigung von Robert. Warum sprichst du plötzlich von Evelyn?“ Bedächtig schüttelt Erwin den Kopf.

„Ja, ich denke dran. Damals waren wir doch platt. Keiner hat kapiert, dass Evelyn plötzlich weg sein sollte. Tot. Am nächsten Morgen gefunden. Im Steinbruch. Was war und wer war dabei? Ja, alle und doch keiner. Alle haben wir dann geredet und keiner von uns hat wirklich was gesagt.

Die Polizei hat lange immer wieder rumgerätselt und …“ Sie hebt die Schultern: „Nichts. Spekulationen? Wir haben uns geweigert, unbewusst geschützt. Alle haben es verdrängt. Was? Wer war‘s, wer? Wer war dabei. Unfall oder Fall? …“

Nicht eindeutig ist es dann, ob Erwin sich selbst oder eher Susanne damit beruhigen will, indem er sagt: „Naja, wir werden nichts mehr hören davon. Ich denke, dass da auch kaum noch irgendwelche Akten und Unterlagen aufzufinden sind. Habe gehört, dass spätestens bei der letzten Polizeireform in Baden-Württemberg so ordentlich aufgeräumt wurde, dass man nichts mehr findet. Im Übrigen ist es schon sehr lange her. Das mit der Soko ‚Steinbruch‘. Der Mayer, unser Dorfpolizist lebt ja auch nicht mehr. Und ob Evelyns Mutter noch lebt? Ich denke, nein. Da will doch niemand mehr wissen, was damals wirklich geschah. Und wir auch nicht. Es ist und bleibt ein Cold Case, wie sie heute ungeklärte Kriminalfälle nennen, die manchmal in der Fernsehsendung Aktenzeichen XY spannend angeboten werden, um von den Zuschauern neue Infos zur Tat zu erhalten. Kennst du sicher auch.“

Susanne zieht erstaunt ihre Augenbrauen hoch. ‚Was Erwin sich zusammenreimt ... Warum tut er das?‘

„Vielleicht damals … und heute fahren wir zur Beerdigung von Robert. Und da …“ Susanne lässt nicht locker.

„Robert ist anscheinend bei einem Verkehrsunfall ohne die Beteiligung Dritter, so verletzt worden, dass er im Krankenhaus starb. Mit Vollgas auf einen Brückenpfeiler.“ Erwin hebt beide Hände leicht hoch und macht eine Schnute. „Hm, war es ein Suizid? Wer weiß!“

„Wahrscheinlich ist das schon geklärt. Die Kripo hat das sicher … Aber! Mag sein, dass man auch nicht gerne darüber spricht. Auf jeden Fall nicht am Grab. Aber egal, wie es ist. Es ist für uns ein Rätsel. Sonderbar, wie das mit Evelyn bei der Silbersandhöhle.“

„Das war doch im Steinbruch. Aber O.K. Vielleicht erfahren wir heute Abend oder morgen mehr.“

Als Erwin nicht mehr über Roberts Unfall sprechen will, aber über die unfähigen Politiker im Ländle, runzelt Susanne die Stirn. Als er tief einatmet und tönt: „Die haben ja keine Ahnung. Jeden Tag gibt's andere Regeln, um das Virus zu besiegen“, kraust sie ihre Nase und blockt. Sie meint, dazu wäre sie jetzt zu müde.

In Stuttgart warten sie nur kurz und können mit der Express-Regionalbahn nach Bergheim fahren. Eine knappe Stunde dauert es. Sie sitzen schweigsam beieinander. Fast alle Plätze im Express sind belegt. Freitagnachmittag. Aufmerksame Beobachter erkennen, dass beide Personen intensiv nachdenken: Mimik und Körperhaltung verändern sich ständig. Beide kneifen die Augen zu, manchmal nur das rechte oder das linke. Beide runzeln ihre Stirnen, greifen mit den Händen ins eigene Haar und legen diese auch an den Hals. Nur das Zusammenpressen der Lippen oder das Lächeln um den Mund sieht leider niemand. Die Alltagsmaske verdeckt diese Regungen. Rätselhaft. Sonderbar. Phantasmatisch.

‚Was werden sie in Bergheim sehen? Wen werden sie sehen? Wer erinnert sich an was?', überlegt Erwin.

Die Spannung wird immer straffer, Susanne immer hippeliger und Erwin regt sich immer mehr auf, kann kaum noch ruhig sitzen.

„Die nächste Station: Bergheim. Ausstieg rechts in Fahrtrichtung. Vielen Dank für Ihre Reise mit dem Express", tönt es durch den Wagen.

Erwin hilft Susanne in ihren Mantel. Mit ihren Taschen gehen sie zur Tür, steigen aus und sehen das Hinweisschild: Gasthof Löwen 500 m.

Auf dem Weg zum Gasthaus werden sie immer ruhiger und gelassener.

„Das ist doch phantasmatisch", murmelt Susanne mit einem tiefen Seufzer. Sie schauen sich dankbar an und gehen zur Rezeption des Gasthauses. Dort erhalten sie von einer freundlichen Dame die Schlüsselkarten für ihre Einzelzimmer.

Susanne atmet auf. Die Tür ist zu. Sie spürt Erleichterung. Es tut gut, eine gewisse Zeit für sich, ohne den Weggefährten Erwin, zu haben. Eine Zeit lang allein zu sein.

‚Ja, ich hätt viel zu sagen. Zu fast allem. Zur Party. Aber was soll's? Nach all den Jahren. Sicher. Ich hab nichts vergessen.'

Ein „ewiges" Gedächtnis hat schon etwas. Dieses Gedächtnis, besonders für Gesichter, war auch der Grund, ins Hotelfach zu gehen. Ja, „vergessen" ist ein Fremdwort für sie.

Sie streift die Schuhe ab, legt die Beine hoch und ruht sich aus. Sie denkt … an gar nichts mehr.

Gegen neunzehn Uhr wird sie Erwin auf dem Flur treffen. Bis dahin ist Sendepause, Punkt.

Auch Erwin ist froh, vor dem Treffen um neunzehn Uhr in seinem Hotelzimmer allein zu sein. Die Tasche packt er nicht aus. Mit seiner Frau in Allensbach telefoniert er kurz, berichtet, dass bisher alles glatt gelaufen sei. Er legt sich aufs Bett, döst und nimmt sich vor, rechtzeitig aufzuwachen, um dann mit Susanne zum Treffen ins Nebenzimmer des Restaurants zu gehen.

(8) Alfred tigert durch den Wald

Alfred Rehm ist der einzige männliche Abiturient 1972, der nach seiner Studienzeit wieder in Mühlenstein ansässig wurde. Als stiller Bürger. Da ist nur noch Inge Braun, geb. Mader. Sie ist eine andere Marke: Sie führte zusammen mit ihrem Mann den Konsum, aus dem die örtliche Edeka-Filiale hervorging, ist Gemeinderätin und Kreistagsabgeordnete.

Alfred ist einer, der die Devise pflegt: „my home is my castle“. Und alles darüber hinaus ist aus.

Das Motto der Familie Braun ist ähnlich und doch anders: „there is no place like home“. Draußen schaffen wir und am schönsten ist es zu Hause.

So lebten sie an ihrem Heimatort ähnlich wie zwei Fremde und wussten nur manches voneinander.

Alfred Rehm und Inge Mader, jetzt Braun, hatten meist nur zufälligen Kontakt. Meist waren es Begegnungen auf der Straße oder bei Stadtfesten. Mehr als ein Kopfnicken und ein ‚Hallo‘ war selten.

Alfred Rehm ist wieder allein. Gerlinde hat ihn verlassen. Vor nicht mal vier Monaten. Warum? Da gibt es viele Gründe, aber weiß er das? Kinder hatten sie nicht.

Seine Frau war aus Norddeutschland und konnte nie richtig warm werden mit den Schwaben.

Alfred joggte schon immer, zu Schulzeiten in Mühlenstein, aber auch in Esslingen, wo er sein Ingenieurstudium absolvierte.

Auch in der Zeit, als er noch nicht verheiratet war, oft allein. Zehn, manchmal fünfzehn oder zwanzig Kilometer. Manchmal lief in Esslingen sein Studienkollege Tom mit, ein ebenso schweigsamer und ehrgeiziger Läufer.

Bernds Höhepunkte in seiner Laufkarriere waren die fast fünfzig Halbmarathons und über zehn Marathons. Letztere lief er in Berlin, Frankfurt, Karlsruhe und auch am Rennsteig in Thüringen. Die Teilnahme-Medaillen hat er in seiner Hobby-Werkstatt fein säuberlich über der Werkbank angebracht. Die Urkunden dazu in einem Ordner abgeheftet.

Seit ein paar Jahren joggt er nur noch regelmäßig, nimmt an den Läufen nicht mehr teil.

Als Rentner muss er nun auch nicht mehr zum großen Automobilhersteller in die Landeshauptstadt zur Arbeit fahren. Da kann er, so sein Denken, alles, auch das Laufen, das man schon lange Joggen nennt, viel gemütlicher angehen.

Morgen, am Freitag, wird er nach Bergheim fahren. Abends trifft er die Mitschüler des Mühlensteiner-Schweitzer-Gymnasiums.

Inge hat ihn auf die Todesanzeige in der Tageszeitung „Schwarzwaldboten“ aufmerksam gemacht.

‚Mein Gott! Robert Singer ist gestorben.‘

Ein Anlass, so meinten ein paar Alterskollegen, um zuvor im Löwen in Bergheim zusammenzusitzen. Zum Schwätzen. S’wär an der Zeit für ein Treffen.

Rob, so nannten Robert alle, ist siebenundsechzig Jahre alt geworden. Das steht in der Anzeige. Zum Treffen wird Alfred schon gehen, vielleicht auch über Nacht im Löwen bleiben.

Am Freitagnachmittag hat er sich von seiner ehrenamtlichen Tätigkeit beim Sportverein – er trainiert die Langstreckenläufer – freigenommen.

Er muss laufen. Sich abreagieren. Er ist eingeladen! Für den Abend! Zu einer wichtigen, zumindest denkwürdigen Veranstaltung. Über Nacht! In Bergheim.

Nach einem leichten Imbiss zu Mittag startet er von seinem Einfamilienhaus Richtung Waldlichtung. Bernd läuft den Waldweg entlang durch das Wäldchen hinüber, den Feldweg hinunter in den Schönbuch hinein. Die Sonne scheint und im Schatten der Bäume ist es frisch. Er überholt einige Spaziergänger und eine Gruppe Walker mit ihren Stöcken. Am Museumswald mit den hohen

Bäumen und den verschwiegenen Wegen dreht er um.

Bei seinen regelmäßigen Joggingrunden leert er seine drückenden Gedanken aus dem Kopf. Joggen half ihm, die Trennung von seiner Frau zu verarbeiten. Auch konnte er früher fast alle dienstlichen Probleme mit den Kollegen joggend zumindest in Gedanken lösen.

Bergauf geht es zum Wäldle vor der Silbersandhöhle, aufwärts werden die Schritte schwerer. Leichter läuft er den Hohlweg hinab. Am Ende steht er im Steinbruch. Er steht. Holt tief Luft. Jahrzehnte ist er hier durchgelaufen. Ohne Probleme. Jetzt steht er. Als hätte ihn der Blitz getroffen und zur Steinsäule erstarrt. Ihm ist nicht schwindelig, aber er weiß genau, hier … vor vielen Jahren … Mit geschlossenen Augen sieht er Evelyn Böhm, den Traum der Burschen damals, lachend und fröhlich am Lagerfeuer tanzen.

‚Sie war eine von uns. Evelyn war, und ist es immer noch, ein Traum … ein Traumbild. Mit einer Figur zum Niederknieen! Und war sie nicht auch eine schöne Vagabundin? Vielleicht aber auch ein Mädl mit einem Heiligenschein über ihrem kalten Herz?‘

Alfred schüttelt den Kopf, schnieft und weiß, sein Leben war über weite Strecken ein Leben voller verpasster Gelegenheiten. Gut so? Und jetzt?

Die herbstliche Sonne scheint, die Sonnenstrahlen brennen nicht mehr, es geht kein Wind. Alfred rafft sich auf, setzt wieder einen Fuß vor den anderen. Das Leben muss weitergehen, bisher ging es ja auch immer weiter. Er geht im Wandertempo weiter, lässt den Steinbruch hinter sich. Auf dem Fahrradweg geht es zurück nach Mühlenstein.

Dieses Mal ist sein Kopf nicht leichter geworden, nicht leerer. Er wird einen schweren Kopf nach Hause bringen. Beladen mit den jahrzehntelang verdrängten Gedanken. Verschüttet und nun ausgegraben am Nachmittag bevor er zum Treffen mit Schulkamerad*innen nach Bergheim gehen wird. Anlässlich der Beerdigung des Schulkameraden Robert Singer.

Kurz vor seinem Gartentor grüßt ihn der Nachbar: „Ha, Alfred, warst du joggen? Alles klar?“

„Ein wenig! Kurz im Schönbuch, und bei dir?“, nickt er und stellt fest, dass er schon lange nicht mehr von seinem Nachbarn angesprochen wurde.

„Jo, auch! Am Wochenende wird es regnen. Mal schauen, was man dann im Garten noch schaffen kann.“

„Wird schon möglich sein.“ Alfred öffnet die Gartentür, nickt seinem Nachbar zu und trippelt zu seinem Haus.

Während er seine Sportkleidung ablegt und sich in die Dusche begibt, fühlt er sich schon besser.

,Schön, dass mich der Nachbar angesprochen hat. Habe den ganzen Tag mit niemandem geredet.' Unter der Dusche hat er schon lange nicht mehr ein Lied geträllert, aber die heiß-kalte Wechseldusche weckt in ihm eine Aufbruchsstimmung. Er fühlt sich fit wie ein eingelaufener Turnschuh.

,Mein Gott, Alfred! Das Leben geht weiter!' Und dann sieht er in Gedanken Bilder von Robert und Evelyn, von Bernd und Irmgard, von Helmut und Monika und auch von Inge bei einer Wanderung im Schwarzwald. Eine fröhliche Schar. Eine Erscheinung gleich einer Sinnestäuschung. Sonderbar und so unbeschwert und leicht. Phantasmatisch. Klar und verschwommen zugleich. Dabei hatte er jahrzehntelang keinen Kontakt mehr mit seinen Jugendgefährt*innen. Und nun diese Bilder im Kopf.

Als er dann sein Mineralgetränk aus der Thermoskanne trinkt, nimmt er sich vor, den Kontakt mit seinen Schulkamerad*innen auf jeden Fall wieder aufzunehmen und zu pflegen.

,Naja, für Robert ist's zu spät! Warum ist der verunglückt? Das wird mir vielleicht Inge sagen können.' Jetzt lacht er laut, die Sierra Madre,

Stadt- und Kreisrätin hier … und dabei hat er sie nicht einmal gewählt.

Er hat ein gutes Gefühl, als er sich für die Fahrt nach Bergheim richtet.

Nach einer guten halbstündigen Autofahrt kurvt er am Abend fast auf die Minute pünktlich um 19:00 Uhr auf den Parkplatz beim Löwen in Bergheim. Er beachtet die drei Autos neben ihm nicht, greift seine Tasche und geht weit ausschreitend zur Rezeption.

„Guten Abend, ja, ich möchte ein Zimmer für eine Nacht und bin dann im Nebenzimmer bei der Gruppe um Inge Braun“, presst er durch seine Mund-Nase-Bedeckung.

Nach der Begrüßung fragt ihn der Portier noch, ob er seine Tasche aufs Zimmer bringen soll, damit er gleich ins Nebenzimmer gehen könne.

„Nein, ich mach mich noch frisch und gehe dann runter.“

Ein Blick in den Spiegel, ein zufriedenes „Hm“ gehaucht, dann geht Alfred über den Flur und die Treppe hinunter. Er schaut einem gerade ankommenden Gast ins Gesicht. „Grüß Gott, ich denk, ich kenn …“

„Hoi, Alfred …“, wird er unterbrochen.

„… das ist doch der Foto-Helmut, hab ich Recht? Bist auch für eine Nacht in Bergheim?“

„Heut Abend bin ich hier, übernachten tu ich bei meiner Schwester in Mühlenstein.“

„O.K., dann gehen wir mal rein. Schauen, wer es wagt. Wer da ist.“

Letzter Akt (2020)

(9) Einfach drauf los quasseln, schwätzen

Ein letzter Blick in den Spiegel, die Haarsträhne mit der Hand noch eingeordnet und geprüft, ob der Lippenstift tatsächlich nur die Lippen bedeckt, tritt Irmgard Mommsen in den Flur, legt die Alltagsmaske an und geht im dunkelblauen Kostüm zur Treppe. Am Treppenabgang stehen eine Frau und ein Mann mit ihrer Nase-Mund-Bedeckung und sind augenscheinlich ins Gespräch vertieft. Irmgard geht auf sie zu, schaut sie an. Das Gespräch verstummt und für einen Moment irren drei Augenpaare zwischen den drei Gesichtern umher.

„Das könnte doch die Irmgard sein. Irmgard Bleibtreu!“, sind die ersten Worte am Treppenabgang.

„Grüß Gott! Ja, ich bin die Irmgard, heiße jetzt aber Mommsen. Und …“

„Grüß Gott! Und ich bin die Susanne, immer noch die Wilder, und das da ist der Erwin, der Erwin Köhler!“ Sie lacht und ergänzt: „Unten werden wir unsere Maskerade ablegen.“

„Du bist also die Suss, woran hast du mich erkannt? Nach gut vier Jahrzehnten. Ich hab doch das halbe Gesicht verdeckt!“

„An deinen Augen. Nur du hattest so schöne große braune Augen, hast sie immer noch.“ Sie zögert kurz. „Genau wie Evelyn, die hatte auch so große braune …“

Irmgard zuckt und verengt blitzartig ihre Augen, als der Name Evelyn fällt. Susanne tut so, als ob sie das nicht bemerkt.

„Gut, schauen wir, wer schon da ist, es ist ja gleich sieben Uhr.“ Erwin geht die Treppe als erster hinunter, die beiden Damen eng hinter ihm.

Erwin öffnet die Tür zum Nebenzimmer, schaut hinein und lässt die beiden Damen eintreten, ganz nach alter Schule.

Da stehen Inge Braun und Bernd Ullstein.

Von allen Seiten ist ein zögerliches, abschätzendes Hallo zu hören. Nur Susanne Wilder kneift die Augen und geht zuerst auf Inge zu „Du hast doch uns geschrieben. Inge, schön, dass du uns eingeladen hast.“ Susanne macht den Corona-bedingten Namaste-Gruß und wendet sich an den Herrn neben ihr am Stehtisch, „Du … du bist sicher der Bernd, unverkennbar mit deinem Lächeln von einem Ohr zum anderen.“

„Ja, denke, du bist die … Suss, die Susanne Wilder. Immer noch wilder? Haha.“

Erwin und Irmgard stellen sich selbst vor, sagen auch, woher sie kommen. Gegenseitiges Anlächeln und Kopfwiegen zwischen Bedrückung und Freude überbrückt die Zeit. Da kommen Alfred Rehm und Helmut Kuhnle herein. Auch ihnen ist eine nicht geringe Unsicherheit ins Gesicht geschrieben. Auf ein Namensraten wird verzichtet. Beide stellen sich vor und erfahren auch die Namen der anderen. Dabei konnte Alfred glänzen, indem er Inge auch mit ihrem Geburtsnamen vorstellt.

Bernd lacht und freut sich: „Der Foto-Kuhnle ist ja da. Wo hast du den Apparat? Alle schön lächeln!"

Alfred fragt: „Wo ist die Moni? Wollte die nicht auch kommen?" Und Inge meint: „Ich weiß es nicht. Denke, für heut Abend sind wir alle! Vielleicht … von Michael und Roland, auch von Birgit und den anderen, weiß ich nichts. Aber …" Sie zuckt mit den Schultern.

Alle setzen sie sich an den Tisch und die Kellnerin nimmt die Bestellung auf. Während des Essens sind die Gespräche eher zurückhaltend und erst als das Geschirr abgetragen ist und der Espresso bzw. der Kaffee getrunken, haben sie Zeit und Laune bei unterschiedlichen Getränken miteinander zu tratschen. Dabei werden die augenblicklichen, persönlichen Gegebenheiten schnell bekannt gegeben. Viel Belangloses und Allgemeines geäußert.

Ein gesprächiges Durcheinander. Zuhören ist in dieser Situation eine hohe Kunst, die kaum einer beherrscht. Sie tauen immer mehr auf und Bernd gibt ungefragt seine Meinung zu den gerade herrschenden Regeln zur Pandemie mit großem Wortwitz und banalen Sätzen zur Kenntnis. So posaunt er: „Wenn Kirche und Puff gleichzeitig schließen, dann haben wir ein Problem.“ Er lacht und schließt an: „Heute habe ich in Stuttgart maskierte Männer in der Bank gesehen. Vorbildlich!“ Er kommt ins Schwärmen: „Wisst ihr schon das Neueste? Das kommt, wie schon immer von weit her, von über den großen Teich: Die Chefin der Behörde für öffentliche Gesundheit in Kanada, Theresa Tam, empfiehlt laut Pressemitteilung zum Schutz gegen das Coronavirus das Tragen einer Maske auch beim Sex. Vor allem, wenn man mit jemandem Sex habe, der nicht im eigenen Haushalt wohne oder der zur Corona-Risikogruppe zähle. Die Medizinerin fügte ausdrücklich hinzu: Die sexuelle Aktivität mit dem niedrigsten Ansteckungs-Risiko ist jene, an der nur Sie allein beteiligt sind. Wie wahr. Wie wahr. Ob das auch die Rentnerinnen und Rentner interessiert? Haha.“

Als Bernd eine kleine Pause macht, kann Inge – sie fühlt sich ja besonders verantwortlich – das Gespräch auf Robert und den traurigen Anlass zu diesem Treffen lenken.

Schnell stellen sie fest, dass eigentlich niemand über all die Jahre Kontakt mit Robert hatte. Mit seiner Familie noch weniger.

Nur Inge, als aktive Kreisrätin, erfuhr sporadisch aus der Zeitung oder auch mal bei Veranstaltungen in Bergheim, was Robert gerade umtrieb. Sie hat auch selten mit ihm gesprochen. Mit Roberts Tochter hat sie aber mehrmals gesprochen. Tochter Anni hat für ihr Studium in Inges Edeka-Laden ein Praktikum gemacht. Roberts Frau kennt Inge nicht.

Susanne und Erwin berichteten unaufgeregt von ihrem ersten und einzigen Kontakt mit Robert nach der damaligen Gartenparty im Frühjahr 2020 in Konstanz.

Erwin hält sich mit negativen Äußerungen zu Robert sehr zurück, obwohl fast alle schon früher wussten und einige noch heute ahnten, wenn sie ihn aufmerksam betrachteten: Erwin hatte nicht nur in den alten Zeiten eine beißende Wut auf Evelyn und Robert, weil sie so unkonventionell waren.

Irmgard schaut vergnügt in die Runde, als ob sie es genießen kann, mal wieder in dieser Gesellschaft zu sein. Oder will sie damit nur ihre Trauer verdecken? Auch sie hatte sich gerne mit Robert eingelassen, aber dieser konnte mit ihrer Liebe – war es nur eine kindliche Liebelei? – nichts anfangen. Nein, sie will nicht riskieren, dass nach so vielen Jahren darüber getratscht wird.

Bernd fühlt sich in seinem Element: „Jaja, das Kino damals: Kolles Helga klärte auf und als dann die Schulmädchen-Report-Filme auch noch in Stuttgart gezeigt wurden, war das top. Da fanden wir doch immer einen, der uns mitnahm ins Capitol. Oder ins Metropol. Gell, Alfred?"

„Aber Bernd, mit mir bist du da nie ins Kino gegangen! Du hast doch die Mädels reihenweise in die Discos abgeschleppt. Haha."

„Nein, sie wollten nicht. Fast alle!"

„War schon 'ne geile Zeit. Auch wenn in der Provinz die freie Liebe nur gedämpft und hinterm Vorhang … Mit Flower-Power und einer Blume im Haar."

„Ja, Alfred! Was hatten wir Spaß mit Robert und seinem NSU Prinz. Legendär! Wäre heut nicht mehr möglich."

„Warum? Weil wir nun schon so alt sind? Aber, Helmut, du hast doch sicher noch Bilder von damals dabei. Du ewiger Fotograf! Her damit!"

„Nein, hab keine dabei. Alles jugendfrei! Haha."

„Glaubst du doch selbst nicht. Deine Bilder waren die reinsten Enthüllungsstorys. Mann! Helmut. Hast du nicht auch Robert und Evelyn …"

„Vielleicht, aber das ist doch jetzt schon eine Ewigkeit her. Ja, vielleicht kann ich, oder …"

Inge grinst und dreht sich hin zu Susanne: „Ja, unsere Buben, das waren noch Kerle. Wahre! Alle!“

Es wird ein wenig ruhiger, nachdenklicher. Man spürt die Neugierde der anderen und will sich keine Blöße geben. Weiß Inge noch mehr? Weiß sie etwas von Roberts letzter Fahrt auf der Schnellstraße zur Schwäbischen Alb? Sie hat Robert doch immer wieder getroffen! Wahrscheinlich! Und was weiß sie von damals? Evelyn? Inge war damals sehr zurückhaltend, sagte nicht alles, wie alle anderen auch. Den Polizeibeamten und den Kamerad*innen gegenüber waren alle sehr zurückhaltend. Wenn es darauf ankam. War sie aus Rücksicht stumm, wie alle?

Die ungewöhnliche Stille unterbricht Bernd: „Alle mal herhören. Jetzt gilt es. Robert war ein guter Kerl. Auch wenn ich nicht immer sein Freund sein konnte und wollte. Manchmal … Ach, Inge wird uns schon noch Genaueres sagen …“

Diese schüttelt langsam den Kopf, sieht in die Runde.

Am Tisch haben sie ihre Masken entweder abgelegt oder unter das Kinn gestreift, während Helmut Kuhnle aus seiner Aktentasche doch noch einige Din-A4 große Blätter herausholt. Es sind Fotos, Vergrößerungen mit leichten Altersschäden, kleine Wasserflächen. Helmut stellt sie auf den Sims der Eckbank und ans Fenster.

Ein mehrfaches Oh und Ah ertönt. Helmut glückt die Überraschung. Bilder, Portraits von Robert und Evelyn. Auf einem Bild lachen sie am Rande des Springbrunnens im Mühlensteiner Park in die Kamera.

Das löst die Zungen, sie sprechen alle über Evelyn und Robert. Nicht mehr über sich und das Heute. Sie spüren gegenüber Robert und Evelyn eine wohltuende Distanz, aber auch eine ergreifende Achtsamkeit. Bei all ihren Kommentaren. Auch wenn sie nur zögerlich abgegeben werden.

Bernd fragt Helmut nach einiger Zeit: „Hast du die Bilder schon Roberts Frau und seiner Tochter angeboten?“

„Nein, das geht nicht! Mit seiner Familie hatte er doch eine andere, eine gute Welt.“ Er schaut herum und ergänzt: „Natürlich, auch mit uns hatte er eine gute Welt. Aber eine ganz andere.“

„Ja, da hat du Recht“, unterstützt Inge und führt aus: „Mit uns war Robert ein Fantast, ein ruheloser Träumer und doch ein Kamerad mit seiner Einbildung und Ungewissheit. Mit Evelyn waren er und wir alle auch Opfer der Spekulation, des Wunschtraums und des Trugbilds. Ein Phantom. Unser eigenes Phantom.“ Sie macht kurz Pause und fährt fort: „Mit seiner Familie war es ein Leben in Wirklichkeit. Im guten Leben."

Es ist still geworden. Inge duckt verlegen und Erwin spricht leise: „Ja, wir werden die Wirklichkeit dieser Familie verschonen. Das gehört sich so. Auch wenn es makaber scheint, unheimlich, was da vor sechsundvierzig Jahren im Steinbruch mit Evelyn passiert ist und nun auf der Schnellstraße mit unserem Schulkameraden Robert."

Bernd macht den lustigen Dichter: „So ist der Welten Lauf, sie gibt uns immer Rätsel auf", und schiebt dann unverständlicherweise hinterher: „Wo rohe Kräfte sinnlos walten, da kann kein Knopf die Hose halten."

Unvorhersehbar platzt Alfred dazwischen: „Warum ist eigentlich Moni nicht da? Die sollte auch da sein", und niemand reagiert darauf.

Die Fotos verstaut Helmut Kuhnle wieder in seine Aktentasche, nicht ohne eine Bemerkung von Bernd zu hören: „Mensch, Foto-Kuhnle, du hast doch auch ganz andere Bilder von den schönen Frauen geknipst!"

Da kann Susannes Lächeln beobachtet werden.

Die bisher ernste, gedämpfte Stimmung wandelt sich, je später es wird, je mehr Gläser geleert, in eine immer gelöstere.

Bernd macht Witze über alles und nichts. Auch wenn niemand darüber lacht.

Und doch sind Fragen nicht nur im Hintergrund gegenwärtig. Was geschah damals als vor sechsundvierzig Jahren Roberts Freundin Evelyn nach oder während der Party starb? War sie noch heimlich seine Freundin? Und warum ist Robert verunglückt?

Trotz all des Quatschens mit vielen Andeutungen rückt niemand mit seinen Verdächtigungen raus. Oder dann doch? Kippt die Stimmung? Nicht doch. Damals in Mühlenstein waren alle auskunftsfreudig und keiner sagte was! Von Bedeutung. Heute? Ist es nicht anders.

Alle wissen oder bilden sich ein: Mit dem Quasseln, dem Schwätzen kann man zudecken und wegfegen … um nicht nachdenken zu müssen.

Das passt alles zu der Zeit mit den Corona-Regeln. Das Gespenst, der Geist, die Erscheinung, der Spuk und der Traum vom Zusammensein und der Liebe.

Die Einbildung und Überheblichkeit, die Ungewissheit und die Täuschung, das Verlorene und das Verlogene.

Das Phantom. Das Phantasmatische und die Erinnerung. Das alles passt. Auch mit einem überzeugenden Lächeln unter der Maske.

Helmut hat sich schon vor vierundzwanzig Uhr, ohne dass es jemand gemerkt hat, verabschiedet und ist nach Mühlenstein zu seiner Schwester gefahren.

Auch wenn die Zungen schwer werden, manchmal ein Lallen die Worte versteckt, die Themen „Soko Steinbruch“ und Roberts Unfalltod sind nicht kleinzukriegen, wirbeln durcheinander. Finden kein Ergebnis. Kein Ende und keine Lösung.

Gegen halb Zwei nach Mitternacht gehen sie in ihre Zimmer, nachdem die Kellnerin energisch den Zapfenstreich, allerdings ohne Musik und ohne ein Prosit, verkündet und abkassiert.

Im durchgelüfteten, aufgeräumten und leeren, dunklen Raum stehen immer noch die Fragen, welche den ganzen Abend in den Köpfen zirkulierten: Wie war das mit Evelyn? Und wie das mit Robert? Mit beiden? Was war Täuschung? Wo das Trugbild und der Wunschtraum? Wo war wer phantasmatisch? Wurde bei Evelyn und Robert ein Phantom daraus? Schluss, aus?

(10) Theoretisch wollen alle beste Freunde sein

Am Samstagmorgen ist im Frühstücksraum des „Löwen" ab sieben Uhr Frühstückszeit. Nicht wie früher mit dem großen Buffet, sondern nach den Corona-Regeln dürfen die Gäste mit ihrer Alltagsmaske über Nase und Mund ihren Wunsch vor der großen Plexiglasscheibe äußern und mit der Hand auf die Frühstückshappen zeigen und erhalten dann einen Teller mit dem gewünschten Gebäck und den Zutaten durch eine kleine Durchreiche an der raumhohen Scheibe. Das bestellte Getränk wird direkt am Tisch serviert.

Alfred Rehm ist der erste und schon fertig mit dem Frühstück, als Helmut Kühnle, Irmgard Mommsen und Inge Braun in den Frühstücksraum eintreten.

„Ich geh noch eine Runde spazieren in Bergheim, rechtzeitig um halb elf bin ich wieder da, wenn wir dann gemeinsam zum Friedhof gehen", verabschiedet sich Alfred.

Kurz danach kommen auch Bernd Ullstein, Susanne Wilder und Erwin Köhler. Es ist eine gespenstige Atmosphäre im Raum. Nicht mehr als drei Personen sitzen an einem Tisch. Auch wenn der Kaffee frisch und kräftig sein Aroma ausströmt, das frische Brot dezent zum Verzehr lockt und der knusprige Speck mit Rührei pikant und feurig duftet, sitzen sie mit Abstand da, gehen mit der Gesichtsmaske zur Buffetscheibe und erleben sich so eingegrenzt im großen Frühstücksraum. Ein Leben hinter glasigen Scheiben. Aquarium lässt grüßen. Gespenstisch. Man hört niemanden lachen, auch kein Wispern und kein Flüstern. Kein Gespräch kommt auf. Als ob sie nur stumm die Leere vor der Beerdigung, das Ungewisse mit der Zukunft und das Vergessene der frühen Jahre erfahren könnten. Sie ahnen die Wichtigkeiten, die nie wichtig waren und nicht sein werden. Traumbild mit Trugbild schwebt im Wolkenbett. Spuk und Illusion wirbeln unheimlich und überheblich vorbei.

Kurz nach halb elf treffen sie sich alle im Empfangsfoyer. Auch Alfred hat sich umgezogen und ist dabei, als eine dunkel gekleidete Dame mit einer schwarzen Aktentasche vom Hotelparkplatz zum Eingang kommt. Alle Blicke sind auf sie gerichtet. Inge will schon fragen, ob …, da hören alle: „Grüß Gott, ich denke, ich bin da richtig. Es geht zur Beerdigung von Robert Singer. Ich bin die Moni, Monika Reutter ist mein Mädchenname, ich komme aus Stuttgart und gehe mit euch zum Friedhof."

„Die Moni ist da! Welch Überraschung!" Alfred staunt und Inge freut sich. „Schön, dass du auch da bist, Moni! Du als Pfarrersfrau kannst uns helfen, die Situation an der Josefskirche hier gut zu überstehen.“

Das Eis ist gebrochen und die Trauergäste machen sich zusammen auf den Weg zur Grabkapelle an der Josefskirche. Woher kommt die plötzliche Leichtigkeit? Ist es dem Zusammensein der Klassenkamerad*innen in den siebziger Jahren des letzten Jahrhunderts geschuldet? Nach über vier Jahrzehnten? Trägt das traurige Ereignis der Beerdigung eines Mitschülers die Beteiligten zu einer luftig schwebenden Gemeinschaft zusammen?

Vor dem Betreten des Friedhofes bedecken alle die Nase und den Mund mit ihren Alltagsmasken. Aufgrund der Corona-Regeln können sie nicht in die Grabkapelle hinein. Außerhalb am Wegesrand hören sie die Ansprache und den Segen der Pfarrerin. Auch die Musik, die Lieder erklingen über die Lautsprecher, da nach den Corona-Regeln Singen und mit Instrumenten live musizieren bei Trauerfeiern und Beerdigungen nicht erlaubt sind.

Außerhalb der Grabkapelle verstehen sie die Ansprachen nur bruchstückweise. Aber sie erfahren, dass Robert ein geschätztes Mitglied der Kirchengemeinde war, ein vorbildlicher Ehemann und Vater. Einer, der unermüdlich sein Ehrenamt und seinen Beruf ausübte. Ein Vorbild war. Es ist ein großer Verlust für die Familie und für die Gemeinde, für das Städtle Bergheim.

Über Roberts Leben im Kindes- und Jugendalter wird nicht gesprochen. Sein Geburtsdatum wird erwähnt, auch dass er in Mühlenstein zur Schule ging und in Tübingen und Heidelberg studierte.

Pfarrerin Traude Gutbrod von der Josefskirche in Bergheim hadert über den Verlust durch den Unfall, den niemand verstehen will. Es wäre aber im Sinne von Robert Singer, wenn man dies alles, sein ganzes Leben, dem allmächtigen und gnädigen Gott anheim geben wird. Gott habe es in seinen Händen. Und das sei gut so.

Auf dem Weg zum Grab ordnen sich die Gäste vom Wegesrand hinter die anderen Trauergäste ein, stehen abseits und lauschen am Grab den Worten und der Musik aus den Verstärkern.

Die Pfarrerin teilt nach dem Segen mit, dass Frau Singer und Tochter Anni bitten – auch aufgrund der Corona-Regeln – am Grabe kein Beileid auszusprechen, sondern dies eventuell aus einiger Entfernung mit kleinen Gesten zu signalisieren.

Die Musik beendet die Feier und die Anwesenden wenden sich langsam und stumm zum Ausgang. Nicht ohne noch einen teilnehmenden Blick auf Frau Singer und ihre Tochter zu werfen.

Inge Braun und die Gruppe der Klassenkamerad*innen stehen anschließend zusammen am

Friedhofsparkplatz. Keiner hat seine Corona-Schutzmaske im Gesicht. Auch niemand spricht ein Wort. Allen ist anzusehen, dass sie an Robert und an Evelyn denken.

Sie schauen sich an. Jeder fragt sich, warum Evelyn damals und warum Robert jetzt sterben musste. Nach so vielen Jahren wird wieder deutlich, dass Evelyns Tod bisher für die Klassengemeinschaft nicht befriedigend aufgeklärt wurde. Wenn es einen Mörder gab, wurde der nie gefunden. Verdächtigt waren alle, nicht nur Robert. Oder alle anderen und Robert auch. Oder niemand.

Die Frage quält, was hat der im Jahre 2020 Beerdigte mit Evelyns Tod im Jahre 1974 zu tun? Man lebt mit den hohlen Antworten. Mit Konstruktionen: Nein, Robert war nicht mit Evelyn im Steinbruch. Nicht an diesem Abend. Oder?

Fragen tauchen auf, längst verdrängte Fragen. Freunde sind immer noch unwissend und das wollen sie bleiben. Freunde. Im Kopf schwirrt Unbehagen. Man kann doch auch vergessen! Vergessen ist eine Tugend. Besonders, wenn man ein Gerücht und eine unangemessene Verdächtigung vergessen kann. Oder?

Auf dem Friedhofsparkplatz in Bergheim.

Am Grab an der Josefskirche und auf dem Parkplatz waren und sind alle mehr als stumm. Niemand beschuldigt andere. Genau wie damals im Herbst 1974, als sich herausstellte, dass alle oder auch niemand aus der Gruppe etwas mit dem Tod Evelyns zu tun haben wollten und auch nicht konnten. Wunschdenken schafft Realität.

Mit diesem Phantom gilt es zu leben. Mit diesem Unheimlichen, Makabren. Mit der Fata Morgana und der Einbildung. Der Sinnestäuschung. Oder schon vergessen?

Die Wahrheit kann man verdrängen, zudecken, vergessen, aber sie ist immer da. Lichtlos. Kommt ans Licht und wird aufgedeckt. Oder doch endlich vergessen?

Dabei wollten und wollen sie – unausgesprochen – zusammenhalten. Beste Freunde sein. Mitvergessen und in Achtsamkeit verbunden bleiben. Über die Zeit hinaus.

Plötzlich geht es schnell. Ein kurzer Blick, ein Nicken und mit den Fingern leicht gewedelt. Adieu. Kein Wort. Bis irgendwann und nie. Alle sind froh. Es geht fort. Weg und hin.

Doch allgegenwärtig und widersprüchlich rührt sich die Verbundenheit damals bei der Silbersandhöhle mit dem Heute auf dem Friedhof bei der Josefskirche in Bergheim. Mit der Distanz vom Jahr Neunzehnhundertvierundsiebzig zum Jahr Zwanzighundertzwanzig.

Einige Klassenkamerad*innen werden die ganzen Vorgänge beim Fest 1974 auch mit dem Geschehen im Steinbruch vergessen und in ihrem Alltag verdrängt haben. Das hat sich auch 2020 in Bergheim auf dem Friedhof der Josefskirche nicht geändert. Alle wollen jetzt gute Freunde sein. Mit gebührender Distanz. Das passt zur Covid-19-Situation: mit Distanz und Achtsamkeit in jeder Richtung.

Sie gehen auseinander, mit einem verschämten Winken und die Andeutung zweier sich treffender Fäuste. Der Corona-Abstand, auch die anderen Corona-Regeln, weisen auf die Ohnmacht der Gruppe hin.

Ein bedeutungsschwangerer Heimweg steht ihnen bevor. Für die eine mehr und für den anderen weniger. Alle werden zu Hause ankommen. Später oder früher wird das Phantom präsent sein. Mit Abstand und Wachsamkeit.

(11) Inge will was für den Kreislauf tun

Irmgard hat sich mit ihrem Volvo über die A81 Richtung Stuttgarter Kreuz auf den Weg nach Hause gemacht.

Inge begleitet Susanne, Erwin und Bernd auf den Bahnhof in Bergheim. Susanne und Erwin werden nach der kurzen Fahrt mit dem Regionalexpress in Stuttgart in den IC umsteigen und weiter an den Bodensee fahren. Bernd ab Stuttgart mit dem ICE nach Frankfurt. Alfred ist schon zuvor mit seinem Audi nach Mühlenstein gefahren. Auch Helmut und Monika haben sich schnell verabschiedet.

Inge reibt sich die Hände und geht nachdenklich zurück zum Parkplatz an der Josefskirche. Dort stehen nur wenige Autos neben ihrem. Es ist still, kein Wind zu spüren und keine Menschenseele ist unterwegs. Nein, jetzt will sie nicht nach Hause fahren. Zu viele Eindrücke, zu viele Empfindungen pulsieren in ihr. Sie setzt sich auf die kleine Bank an der Friedhofsmauer, atmet tief durch. Direkt auf die Zunge nimmt sie ein paar Kreislauftropfen, unverdünnt, und schluckt sie. Das hat schon manches Mal geholfen.

Heute Morgen hatte sie im Bad gesehen, dass ihre so wunderschön geformten, langen Beine leicht bläulich gefärbt waren. Ihre roten Wangen sah sie im Spiegelbild und meinte, dass sie dringend etwas für den Kreislauf tun sollte. Etwa joggen? Nicht am Morgen. Zu umtriebig sind ihre Gedanken zum Tag der Trauerfeier mit der Beerdigung.

Auch am Ende des Tages, auf der Bank an der Friedhofsmauer, sind es unzählige Puzzlestücke, die ungeordnet daliegen und eine Erklärung, eine Passung herausfordern.

Inge steht auf und geht mit festem Schritt zur Ahornstraße, wo Anni Singer, Roberts Tochter, in der Einliegerwohnung mit der Hausnummer 34 wohnt. Sie ist sich sicher, dass Anni zu Hause ist und nicht bei ihrer Mutter oder der Verwandtschaft.

Sie klingelt, klingelt nochmals und nach einer Weile wird die Tür geöffnet.

„Ach, Inge, du bist‘s! Hab fast damit gerechnet! Komm rein.“

„Wenn es dir nicht zu viel ist, Anni. Ich denke, wir sollten heute noch miteinander reden!“

„Geht schon! Ja, wir sollten reden! Wie damals.“ Anni hat sich nach der Trauerfeier einen kleinen Schwips angetrunken, steht wackelig auf den Beinen und winkt Inge herein. Diese setzt sich sofort auf einen Stuhl an der Essecke und Anni meint bestimmend, dass keine Widerrede möglich ist: „Du trinkst sicher mit mir ein Glas Weißwein!“

Gegen ihre Prinzipien nickt Inge. Während Anni ihr ein Glas vom trockenen Riesling aus dem Neckartal einschenkt, überlegt sie laut: „Da ist noch nix fertig. Dein Papa Robert ist viel zu schnell weggegangen von dieser Welt. Und du weißt, wie ich, er hat nicht alles mitgenommen. Wir stehen oder sitzen da und wissen, er ist nicht mehr … aber da ist noch was, was immer noch da ist?"

Sie schweigen und Inge denkt für sich: ‚Ja, Roberts Tochter Anni und Inge Braun verbindet schon länger eine Seelenverwandtschaft.'

Inge hat sich mit Anni in den letzten Jahren öfters getroffen. An ein Treffen mit Annis Vater erinnert sie sich nicht.

Mit der jetzt einundvierzig Jahre alten Anni hatte sie ein freundschaftliches Verhältnis, seit diese vor zwanzig Jahren in Brauns Lebensmittelmarkt in Mühlenstein ein mehrmonatiges Praktikum zum BWL-Studium in Hohenheim machte. Über die Highlights und Sorgen der Familie Singer war Inge ab dieser Zeit durch Anni bestens informiert, auch wenn dies Vater Robert sicher nicht gerne sah.

Von Anni hat Inge schon damals erfahren, dass Robert immer wieder das Grab Evelyns auf dem Mühlensteiner Friedhof aufgesucht hatte. Bis das Grab aufgelöst wurde. Seine Familie hatte er manchmal mitgenommen. Anni erinnert sich, dass sie damals noch ein Schulkind war.

Robert hatte nach der traurigen Klassenparty 1974 sein Studium in Tübingen beendet und in Heidelberg fortgesetzt. Noch vor dem Examen hat er eine Kommilitonin geheiratet. Heute ist diese Witwe.

Weil am Esstisch bei dem Viertele das Gespräch nicht in Gang kommt, schlägt Inge vor: „Komm, wir gehen ein paar Schritte im Park. Tut uns gut nach dieser Trauerfeier."

Schweigend lassen sie die Häuser hinter sich und spazieren in den Park hinein. Schon öfters sind sie hier am Rande von Bergheim zusammen gewesen. Auch an diesem herbstlichen Spätnachmittag murmelt der Bach und die Blätter der Bäume rascheln im säuselnden Wind, gelegentlich hört man einen noch wachen Vogel zwirbeln. Ein Idyll.

Auf der kleinen Anhöhe nimmt Inge Anni an der Hand: „Komm, wir setzen uns hier auf die Bank. Es ist so beruhigend, in die Natur zu schauen, gerade jetzt, wo die Dämmerung langsam ins Land schleicht."

Mit fahrigen Händen fasst sie in die Tasche, nimmt aus ihrer Tablettendose zwei Pillen und schluckt sie ohne Flüssigkeit schnell hinunter. Anni schaut sie mit zusammengekniffenen Augen an und erhält Antwort. „Ja, mich regt es ungemein auf. Die Beerdigung und das alles. Bin ja auch nicht mehr die Jüngste. Mein Kreislauf ist so wirr. Mal bibbert er ganz aufgewühlt und es dauert nicht lang, dann poft er wie ein Stein. Da tun mir die Pillen gut und die Natur."

„Inge, mir geht es gerade auch nicht so gut. Aber …"

„Ja, dein Vater. Aber wir fragen uns alle, warum musste das geschehen?", unterbricht Inge und legt ihre Hand an Annis Seite.

„Wir wissen alle nicht, warum er noch auf der Schnellstraße unterwegs war. Was da passiert ist. Er hatte immer wieder Momente, die niemand verstand. Auch meine Mutter nicht."

„Solche Momente kennen wir. Jede von uns. Zu dir hatte er aber ein besonderes Verhältnis. Dir hat er doch mehr anvertraut als deiner Mutter."

Anni wiegt den Kopf bedächtig hin und her: „Ja, aber auch ich habe immer wieder den Kontakt zu ihm verloren. Ich kann dir nur sagen … Ja, er hat doch im Frühjahr freiwillig eine Rentner-Fortbildung am Bodensee gemacht. Der Hobby-geologe hat sich riesig darauf gefreut und als er zurückkam … ich weiß es nicht … da war er so anders. Immer noch der pensionierte Lehrer, der Freizeitgeologe und Familienvater, aber … vielleicht hat ihn was bedrückt. Gewaltig und tief."

„Hm, er war doch ein feiner Kerl. Früher! Bei uns Mädels in der Schule in Mühlenstein war er ein sehr Begehrter. Jede war gern und mehr an seiner Seite. Und …“

„Hast mir noch nie erzählt, dass du auch mal was mit ihm …“

„Ach, da war nichts Großes, aber …“ Inge errötet und hebt unmerklich die Schultern.

Anni merkt, dass Inge unsicher wird. „Ach ja, er hatte schon früher immer wieder so Phasen. Aber jetzt, als Pensionär mit dem Hobby Geografie, hat es ihn sicher sehr gebeutelt. Das mit den Kontaktbeschränkungen. Mussten gleich eingehalten werden, als er vom Bodensee wieder da war.“

„So ruhelos hast du ihn selten erlebt? Oder? War für dich doch ein guter Vater und deiner Mutter war er ein guter Ehemann.“

„Ja, schon. Aber manchmal kam es mir vor, als wenn er etwas verbergen wollte. Er war immer wieder verschlossen, niedergeschlagen und antriebsarm und … Meist ging es wieder nach ein paar Wochen. Draußen und in seiner Schule merkte das kein Mensch.“

Inge berührt Anni am Arm. Sie stehen auf und gehen langsam die Anhöhe hinab. Inge beginnt heftig zu atmen. Zieht die Luft durch die Nase tief in ihre Lungen hinein und bläst diese geräuschvoll durch den Mund hinaus. Sie lässt Anni los und fasst nach den Kreislauftropfen in ihrer Tasche. Wieder perlen die Tropfen unverdünnt in den Mund und sie räuspert sich: „Weißt du eigentlich, warum dein Vater über die Autobahn zuerst nach Stuttgart gefahren ist und dann auf der Schnellstraße zur Schwäbischen Alb?“

„Nein, woher soll ich das wissen? Das weiß doch niemand“, murmelt Anni und schaut Inge mit großen Augen an.

„Weißt du? Ach, Anni, hat dir dein Papa, Robert, nie von seiner Jugend, von seiner Schulzeit erzählt? Er war damals ein guter Junge, genauso wie er als Vater für dich war. Einer, den die Mädels mochten, und einer …“

„Ach, Inge, nein. Er hat mit mir nie über seine Schulzeit in Mühlenstein, überhaupt nicht über Mühlenstein gesprochen. Aber als er von Konstanz nach Hause kam, hat er angedeutet, dass er dort Schulkameraden von Mühlenstein getroffen habe. Mehr nicht. Er war sehr damit beschäftigt, dass er seinen Arbeitskreis *Unsere Heimat* nicht mehr wöchentlich zusammenrufen dürfte. Corona!“

Inge schweigt, krümmt die Schultern nach vorne. Roberts Tod drückt ihr aufs Gemüt. Vielleicht weil es nicht klar war, ob es ein Unfall war, oder … . Unausgesprochen spürt sie, dass auch Anni an einem Unfall zweifelt und darüber nachdenkt, warum ihr Vater Robert den Unfall absichtlich herbeigeführt haben könnte.

Gemächlichen Schrittes gehen sie weiter durch den Park Richtung Ahornstraße. Still, immer wieder fasst Inge Annis Hand und drückt sie leicht.

Warum es ihr nun schon wieder fast schwindelig wird, irritiert Inge. Es kann doch nicht schon wieder der Kreislauf sein. Wollte sie von Roberts Tochter mehr über deren Vater erfahren? Sollten so irgendwelche dunklen Seiten erhellt werden? Die Bilder zu den Seiten und Abgründen, welche so manche Nacht bis in die letzten Jahre immer wieder Inges Schlaf raubten?

Schritt für Schritt, aber immer langsamer, bewegen sie sich. Inge kämpft, ihre Augen flattern. Der Unfalltod wird ihr immer gegenwärtiger, vermischt sich mit der Ungewissheit über das Geschehen im Steinbruch, dort, bei der Silbersandhöhle, vor über vierzig Jahren. Sie sieht die lachende Evelyn vor sich und Robert scherzt mit ihr.

Jetzt kommt alles wieder hoch. Stakkatoartig. Bilder von damals an der Silbersandhöhle, im Steinbruch und auf dem Polizeirevier. Die vielen Verdächtigungen, die nie ausgesprochen wurden. 1974.

Die Bilder vom Friedhof an der Josefskirche, dem Treffen im Löwen, von den Trauergästen und den Vermutungen über Roberts Unfall verschwimmen als Jetzt-Bilder mit denen von damals.

Es ist, als ob Brücken über Jahrzehnte hinweg Unverstandenes verbinden, verletzte Seelen in der verderblichen Welt, und getäuschte Träumer sich verknüpfen. Als ob über die Täuschung der Sinne das Damals mit dem Heute verkuppelt wäre.

Es ist eine Erscheinung, nicht greifbar, dahinschwebend und drückend, rätselhaft und sonnenklar.

Kühler ist es geworden. Die Dämmerung kriecht das Tal herauf, als sie sich an Annis Wohnungstür verabschieden. Wortlos. Die beiden Frauen nehmen sich herzlich in die Arme und drücken sich fest. Eine kleine Ewigkeit lang. Nur zögernd und unschlüssig lassen sie los. Die Corona-Regeln sind ausgeblendet. Keine sagt ein Wort. Inge dreht sich weg und Anni geht durch die Tür zu ihrer Wohnung.

Aus Bergheim hinaus und dann über die kurvenreiche Landstraße fährt Inge nach Mühlenstein und wundert sich, als sie vor ihrer Garage in Mühlenstein den Wagen abstellt.

Ohne sich an die Fahrt zu erinnern, schaltet sie das Licht aus und bleibt einige Minuten im Auto sitzen. Sie holt tief Luft und bläst diese geräuschvoll wieder aus. Der Alltag in Mühlenstein hat sie wieder. Sie schaut kurz zu ihrem Mann ins Wohnzimmer rein. „Liebster, ich bin wieder da!“ Dieser merkt auf und wendet sich sofort wieder zur Samstagabendshow im Fernsehen zu. Dazu gönnt er sich einen guten Lemberger mit Trollinger aus dem Remstal.

Inge geht ins Badezimmer und weckt ihren Kreislauf mit einer Wechseldusche, nimmt ein heißes Bad. Das hilft zum Vergessen. Für den Augenblick auf jeden Fall.

Nachher wird sie noch eine große Tasse warme Milch mit Honig zu sich nehmen. Das hilft für eine gute Nacht.

Nachspiel

(12) Die Welt wird so nicht untergehen

Es ist spät geworden. Die Trauerfeier in Bergheim in der Aussegnungshalle und auf dem Friedhof ist vorbei, die Gäste sind nach Hause gegangen. Auch die Ehrengäste, die Nachbarn und Verwandten der Familie Singer und alle anderen sind auf dem Weg nach Hause oder schon dort.

Susanne und Erwin sind mit Bernd im Regionalexpress nach Stuttgart gefahren, schweigend und nachdenklich, auch Bernd hat nicht geredet und keinen seiner Witze erzählt. Im Hauptbahnhof in Stuttgart konnte Bernd sofort in den ICE nach Frankfurt umsteigen. Mit „Namaste“ und einer Andeutung, „Faust gegen Faust“, verabschieden sie sich. Diese Uneindeutigkeit bewirkt ein Kopfschütteln und ein Augenwegdrehen bei Bernd: Stilbruch! Entweder „Namaste“ oder „Faust an Faust“.

Susanne und Erwin schauen noch in die Halle des Bonatzbaus zur Graffitti-Schau und steigen kurz nach achtzehn Uhr mit ihren Alltagsmasken über Nase und Mund auf Gleis drei in den IC, der ab 18:29 Uhr nach Singen fährt. Sie werden nach einem Umsteigen in Singen mit dem Seehas-Express Konstanz um 21:16 Uhr erreichen.

Nebeneinander in Fahrtrichtung sitzen sie in der oberen Etage im Wagen drei. Vor ihnen ein kleiner Tisch, ihre Taschen haben sie auf die gegenüberliegenden Sitze gelegt. Susannes Maske rutscht unter die Nase und Bernd schiebt seine unter das Kinn. In ihrem Wagen sind sehr wenig Passagiere und beide schauen gelangweilt nach den neuesten Nachrichten auf ihren Smartphones.

„Das ist wieder typisch …“ Erwin will eine Meldung zur Pandemiekrise kommentieren und Susanne unterbricht, legt dazu auch ihr Smartphone zur Seite.

„Klar, da waren wir doch wieder im Stumme-Leute-Jargon und haben doch geschwätzt wie ein rauschender Bach.“

„Was meinst du damit?“ Erwin verzieht sein Gesicht, schnauft und steckt sein Smartphone in die Jackentasche.

„Nur so. Ich hab das Gefühl, dass wir gestern Abend und auch heute bei der Beerdigung eine nette Gruppe waren. Unverbindlich und mit Distanz, nicht nur wegen Covid, haben wir miteinander kommuniziert. Wir kamen als Fremde und vom ersten Augenblick an waren wir vertraut. Als ob wir erst kürzlich zusammen gewesen sind. Und doch sind wir nur oberflächlich da gewesen.“

„Stimmt. Mir ist aufgefallen, dass wir oft an die Party im Gartenstück am Wäldle dachten. Auch wenn wir über anderes gesprochen haben.“

„S'war auch interessant, den Burschen und den Mädels von damals heute zuzuhören. Und was wir über Robert alles erfahren haben. Na gut, wir haben ihn erst im Frühjahr, Anfang März, in Konstanz getroffen. Da war er schon sehr bemüht, uns zu zeigen, dass er in Bergheim ein sehr solides Leben mit seiner Frau und seiner Tochter führt. Er wurde damals immer ernster und ich merkte – du doch auch –, dass er keineswegs mehr das Leben so locker vom Hocker, wie früher, betrachtet hat, wie wir es von ihm kannten, aus der Schulzeit. Ja, bis zur mysteriösen Gartenparty nicht weit von der Silbersandhöhle. Davor war er doch eine richtige Stimmungsbombe, ein Menschenfänger. Besonders die Mädels waren angetan von ihm."

„Ja, ja. Der Robert. Und jetzt ist er …"

Susanne fällt ihm ins Wort: „Hast doch auch gehört, die Pfarrerin hat gesagt: Kaum war er in Heidelberg, schon fünf Monate nach der Beerdigung von Evelyn, hat er seine Frau kennengelernt. Ja, und die ist nun seine Witwe. So lange …" Sie spricht den Satz nicht zu Ende, schaut zum Fenster hinaus.

„Ach, ja. Robert hat zum Wintersemester 1974 von Tübingen nach Heidelberg gewechselt. Dort studierte ich zur selben Zeit. Wir hatten aber keinen Kontakt. Ich war bei den Sozialwissenschaftlern und er hat auf Lehramt gemacht. Wir gingen uns ungewollt, aber konsequent, aus dem Weg. Wie alle."

„Ja. Das sind wir. Alle. Und haben wir nicht konsequent das verdrängt, was nach der Party bei der Silbersandhöhle auch nie gesprochen wurde? Jeder hat es geahnt und alle haben zusammengehalten."

„Hat uns ein Trugbild begleitet? Eine realfreie Einbildung? Begleitet uns das alles noch? Ein Phantom? Beherrscht das unsere Erinnerung, unsere Einbildung und unsere Sehnsucht nach einer Welt, die wir nach unserem Geschmack erschaffen wollen?"

„Nun, wenn wir über Robert sprechen, denke ich immer auch an Evelyn. Du auch? Ich weiß nicht mehr, aber ich habe mit Ev schon mein Schmarotzen gehabt. Hm, sie war für mich ein Albtraum und gleichzeitig ein begehrenswertes Goldstück. Ja, Erwin. Nicht nur die Herren der Schöpfung haben die Nähe zu ihr genossen", flötet Susanne süffisant ihrem Nebenmann zu. „Ich hätte sie gerne vermöbelt, ungesehen gemacht und doch auch immer gern hautnah gespürt." Susanne erschrickt über ihr offenes Bekenntnis.

Aber Erwin hebt beide Augenbrauen: „Ich hätte sie umbringen können …"

Susanne unterbricht ihn, „Vorsicht, was du sagst!"

Er lacht verlegen: „Nicht allein die Ev, auch den Rob! Mir war es, ja, zu viel!“ Er lässt es ungeklärt, was ihm zu viel gewesen sei.

Die Bahn drosselt das Tempo, über die Lautsprecher erfahren sie, dass der nächste Halt in Rottweil sei.

Sie sehen ein mäßig beleuchtetes, renovierungsbedürftiges Gebäude am Waldesrand. Keine Häuser daneben, nur eine Straße hinter dem Bahnhof. Ein Bahnhof fernab vom romantischen Stadtzentrum, in der Pampa. Dem schönen und historischen Stadtkern von Rottweil nicht würdig.

Sie wundern sich und als die Bahn wieder Fahrt aufnimmt, telefoniert Erwin mit seinem Smartphone, richtet Grüße von Susanne aus und teilt seiner Frau mit, dass sie kurz nach neun am Abend am Bahnhof in Konstanz eintreffen werden.

Erwin bedauert, dass es kein Bistro an Bord gibt, Susanne hat ein paar Kaugummistreifen in ihrer Handasche und bietet ihm einen an. Dann setzen sie ihre Betrachtungen der letzten achtundvierzig Stunden fort. Sie formulieren ihre Beobachtungen und ihr Gefühl für und mit den Schulkamerad*innen.

„Wie hast du Bernd Ullstein erlebt hier in Bergheim? Der hat ja ein paar Witze gemacht. Aber irgendwas trägt er mit sich herum. War mir schon immer nicht ganz geheuer. Undurchsichtig, wie der Robert auch. Oder, Suss?“

„Früher bin ich mit Bernd ja ganz gut klargekommen, auch wenn er mir mit seinem weltmännischen Gefasel manchmal ganz schön auf den Wecker ging. Jetzt war er für mich doch ganz in Ordnung. Der Architekt aus Frankfurt, eine treue Seele.“

„Häh? Mit seiner zweiten Frau? Vielleicht? Oder was?“

„Hm, er war doch immer ein lustiger Typ. Wusstest halt nicht, veräppelt er dich oder macht er ein Kompliment!“ Susanne zieht ihre Schultern hoch.

„Oh, das war‘s doch. Alle wollten damals offen sein. Und fair. Keinen verdächtigen. Nichts nachsagen. Nichts nachtragen. Damals und heute noch mehr.“

„Aber, Erwin, habe Bauklötzchen gestaunt, dass Helmut Kuhnle in Bergheim vorbeikommt. Habe damit nicht gerechnet. Erinnerst du dich? Von unserem Helmut hat doch der, ach wie hieß er doch, der Physik-Lehrer, ein paar Fotos auf der Leine im Fotolabor gefunden.“

„Hm, auf der Leine?“

„Ja, zum Trocknen. Damals machte man es so mit den Schwarz-Weiß-Bildern. Weißt du doch!“

„Ach, so. Und …?“

„Erwin! Fotos. Ev. Ja, die Evelyn. Halbnackt oder ganz. Nur mit einem Schal um den Hals! Von allen Seiten! … Du weißt es doch auch noch! Sehen durften wir die Bilder nicht. Weiß auch nicht, ob man mehr sehen konnte, wie in den Filmen *Helga* und *Schulmädchenreport*, die damals im Kino liefen. Getuschelt wurde: Sodom und Gomorra. War das ein Aufruhr! Verrufen und verdorben, hat es geheißen. Heute würd‘ man sexy und vielleicht auch Porno dazu sagen.“

„Hör auf, ich hab‘ das nicht mitgekriegt.“

„Der Helmut hatte es faustdick hinter den Ohren! Und zeitweise bei Evelyn einen ganz dicken Stein im Brett. Aber nun ist er zur Beerdigung von Robert gekommen.“

Erwin zuckt mit den Schultern: „Er war manchmal so undurchsichtig und heut wird man auch nicht schlau aus ihm. Wer weiß, wo er sein großes Geheimnis versteckt hat.“

Sie schauen durchs Fenster, Susanne kneift die Augen zusammen und hebt die rechte Augenbraue. Draußen huschen die Bäume vorbei, Nebelfetzen tanzen und ab und zu sehen sie Autoscheinwerfer auf der Autobahn einander jagen. Es dämmert schon und ist frostiger als in der Bahn, wo außer ihnen nur noch drei Passagiere in der oberen Ebene des Wagens sitzen.

Als ob nun ein Wettbewerb im Raume stünde, texten sie sich gegenseitig Eindrücke über die Beerdigungsgäste zu.

Irmgard war schon immer eine launische Frohnatur, wusste aber immer, wie sie die eigenen Ziele erreicht. Und neugierig ist sie immer noch. Wahrscheinlich kam sie nur zum Treffen, um zu erfahren, dass alles noch so ist, wie es schon immer war.

Alfred war früher, zu Schulzeiten, ein ganz stiller. Nicht grün, nein, grüner hinter den Ohren und heute noch damit beschäftigt, die Stimmungen untereinander auszukundschaften. Oder nur seine eigenen Stimmungen? Schlau werden konnte man nicht bei diesem stillen Wässerchen, das zuweilen rauschte wie ein Wildbach. Er zeigte auch in Bergheim diese Ambivalenz.

„Na, wie immer schon", meint Susanne. „Er tigert durch die Gegend. Sucht nach innerem Halt und äußerem Ziel. Manchmal ganz behäbig, manchmal mit viel Biss. Immer schon, ich weiß nicht, wie."

Monika, die Moni, war einst eine ganz stille. Hat einen Pfarrer geheiratet und ist nun Pfarrfrau. Nein, sie schafft heute nicht im Untergrund. Aber im Hintergrund und ist eine gute Seele für die Gemeinde.

Inge, die Sierra Madre, die schon drei Jahrzehnte Braun heißt, war schon immer etwas den anderen voraus. Sie allein hat es geschafft, die Evelyn herabzusetzen, und konnte ihr auch Paroli bieten. Sicher nicht mit ihrer Figur, aber mit ihrem Witz und ihrer geistigen Schlagfertigkeit. Heute noch macht sie deutlich, dass sie die wichtigste Person im Raum ist.

Roland war nicht da. Kein Wunder. Er hat schon zu Schulzeiten Termine verschwitzt. Konnte sie meist nicht wahrnehmen. Ging gern ist Kino und heute weiß niemand, wo er sich eigentlich herumtreibt.

Während der IC von den Schienen geführt am späten Samstagnachmittag seinem Ziel immer näher kommt, grübeln Susanne und Erwin über das, was sie mit Evelyn und Robert, was sie mit sich selbst erleben durften und weiter erleben.

Weder Erwin noch Susanne sprechen es aus, wissen nicht, ob es ein großes Geheimnis, eine Einbildung, ein Traum, eine Sehnsucht, eine Besonderheit und Sinnestäuschung ist. Gibt es einen Zusammenhang zwischen Evelyns letztem Weg zum Steinbruch bei der Silbersandhöhle und Roberts letzter Fahrt hin zur Schwäbischen Alb?

Susanne grummelt. Sie bräuchte dringend einen Schnaps. Den gibt es in der Bahnhofswirtschaft. Diese ist aber nicht in der Kürze der Zeit zu erreichen. Der Anschlusszug steht schon bereit und der Weg zur Bahnhofwirtschaft ist zu weit. Susanne presst die Lippen zusammen: „Hm“, und steigt mit Erwin in den Seehas, den Regionalzug, ein.

Je näher sie die Bahn an den Bodensee bringt, desto schweigsamer werden sie. Erwin fragt sich, was Susanne mit dem mysteriösen Unfall im Steinbruch zu tun haben könnte. Und Susanne sinniert darüber, ob Erwin tatsächlich keiner Schulkameradin einen Kuss gegeben hat oder ob er es nicht doch bei Evelyn probiert hat und …?

Jeder verdächtigt jeden. Wie damals, nach all den Verhören und Gesprächen und jedes Mal hat man doch immer steifer und unwissender getan oder vermutet und nie ausgesprochen.

Sie können sich vertrauen, sie haben es erlebt. Der Zusammenhalt, das Miteinander. Trotz alledem. Es ist mehr als ein Gefühl, es ist eine Gewissheit. Ein Vertrauen in die Leere.

Wenn man nicht grübelt, nicht forscht … aber verdrängt und vergisst … dann geht doch die Welt nicht unter. Nicht sofort und auch nicht bald. Überhaupt? Irgendwann?

Sie wird so nicht untergehen. Das Ereignis, die Spekulation verfolgt und bleibt verschlossen. Ist aber doch mehr als ein Leben präsent.

Einmal ist jede Zugfahrt am Ende. Für Susanne und Erwin am Hauptbahnhof in Konstanz um

21:22 Uhr. Drei Minuten später als geplant. Sie befreien ihre Nase und den Mund von der Alltagsmaske und gehen an die frische Luft. Erwin wird von seiner Frau abgeholt und Susanne geht in die kleine Wohnung gegenüber ihrer Arbeitsstelle. Der morgige Tag ist ein Sonntag und wieder ein neuer Tag.

Für Erwin ein Tag inmitten seiner Familie.

Susanne hat frei. Keinen Dienst an diesem Sonntag. Sie genießt das Alleinsein, ist froh, die letzten achtundvierzig Stunden überstanden zu haben. Verbunden und doch einsam. Phantasmatisch.

(13) Was geschah? Was ist ausgedacht? Und dankeschön …

Wenn Sie das Folgende lesen, erfahren Sie, was wirklich war und ist und was der Autor sich ausgedacht hat.

Sie erfahren nichts über das Geschehen, nichts über das Ungewisse, auch nichts über den Ausgang der Geschichte.

Das erfahren Sie nur, wenn Sie das Buch von vorne bis hinten, Wort für Wort, Seite für Seite, lesen.

Hier finden Sie bemerkenswerte Ereignisse, welche junge Menschen in den 50er und 70er Jahre im letzten Jahrhundert erfuhren, zumindest indirekt. Den Zeitgeist der Nachkriegszeit, des Wirtschaftswunders und der Suche nach einer Neuen Republik. Bis ins hohe Alter werden diese nicht vergessen. Unter anderem haben diese auch den Autor zu dieser „Es geschah …“-Geschichte herausgefordert. Er hat diese Jugendzeit mit der im Jahre 2020 aktuellen Corona-Pandemie verbunden und dazu Vorkommnisse ausgedacht.

Die frühen Ereignisse: 1972 hielten die Olympiade und der Terroranschlag auf die israelische Olympiamannschaft mit siebzehn Toten nicht nur die Bundesrepublik Deutschland in Atem. Im gleichen Jahr, nur ein paar Monate früher, machten viele junge Menschen in der Bundesrepublik Abitur.

Die namentlich angeführten Abiturienten und spätere Akteure und alle anderen sind in ihrem Sosein ausgedacht.

Mühlenstein, Bergheim, das Albert-Schweizer-Gymnasium in Mühlenstein und das städtische Gymnasium in Bergheim haben in Wirklichkeit andere Namen. Weitere genannte Orte und Behörden sind existent. Die dort handelnden Personen und Funktionäre aber ausgedacht.

1974 fand in der Bundesrepublik Deutschland die Fußballweltmeisterschaft statt. Deutschland-West wurde mit den Spielern Beckenbauer, Gerd Müller, Breitner, Netzer, Uli Hoeneß, u.a. im Juli Weltmeister in München.

Das Klassentreffen, die Party, Anfang September mit ihren Ausschweifungen und dem traurigen Ende hat sich der Autor ausgedacht, angeregt durch bis heute im Dunkeln bleibende Geschichten und schweren Verbrechen.

Immer wieder – auch in den 1950er und den 1970er Jahren – sind ungeklärte Kapitalverbrechen zu beklagen. Diese werden oft nach einem oder auch mehreren Jahrzehnten als „Cold Case“ bezeichnet und reißerisch im Fernsehen, auch in den Illustrierten, dargestellt. Zwei Beispiele:

Am 29. Oktober 1957 wurde Rosemarie Nitribitt ermordet in ihrem Etablissement aufgefunden. Die Edelprostituierte hatte prominente Verdächtige, hochrangige Kunden aus Politik und Wirtschaft. Ob damals eine planmäßige Vertuschung oder einfach unfähige Ermittler verhinderten, die Täter dieser schweren Straftat zu finden, wurde nie geklärt.

Am 18.Oktober 1977 verübten RAF-Aktivisten im Hochsicherheitstrakt des Gefängnisses in Stuttgart-Stammheim gemeinsam Suizid. Andreas Bader, Gudrun Enslin und Jan-Carl Raspe wurden erschossen. Wie Schusswaffen in den Hochsicherheitstrakt kamen und wie die drei erschossen wurden, wurde viel diskutiert. Anscheinend hat ein Rechtsanwalt mit einem Mitarbeiter die Waffen in Handakten versteckt zu den Aktivisten geschmuggelt, mit denen diese den dreifachen Suizid ausübten.

An die drei erinnert noch 2020 auf dem Dornhalden-Friedhof in Stuttgart-Degerloch ein Grabstein an einem sonnigen Plätzchen.

Zum Ereignis, das einem jungen Leben im September 1974 in Mühlenstein ein Ende setzte, wurde intensiv und gründlich ermittelt. Dieses Ereignis, das Ergebnis und die Folgen für alle Beteiligten sind vom Autor ausgedacht.

2020 herrschte ab Februar nicht nur in Deutschland eine Corona-Pandemie. Lockdown und viele Einschränkungen zur Bekämpfung dieser Pandemie wurden immer wieder spezifiziert. Ab August wurde eine gewisse Lockerung verordnet. Man konnte sich in kleinen Gruppen wieder privat und in der Öffentlichkeit treffen. Beerdigungen konnten wieder mit einigen Gästen im Freien stattfinden. Unter Einhaltung der Corona-Regeln (AHA = Abstand – Hygiene – Alltagsmaske).

Schon im Oktober wurden die Regeln wieder verschärft. Kontakte mussten minimiert werden, auch die Maske musste fast überall getragen werden. In Bahnhöfen und Haltestellen konnte man sich nur unter Strafe ohne Masken aufhalten. (Aber das alles war nach dieser Geschichte!)

Das Treffen der Schulkamerad*innen im September 2020 anlässlich der Beerdigung des ehemaligen Schulkameraden hat sich der Autor ausgedacht.

Dankeschön, dass Sie das Buch gelesen haben. Sie werden beim Lesen dem Ungewissen auf die Spur gekommen sein. Das Phantasmatische zwischen den Buchdeckeln erspürt haben.

Wenn nun die dramatische, aber auch unterhaltsame Geschichte in Form eines Buches vorliegt, verdanke ich das auch meiner Gattin Ursula Sollbusch-Breitinger, die den Text viele Male gelesen und mit ihrer Einschätzung und Kritik mir sehr geholfen hat.
Ja, und dass das Buch so handlich und ansprechend vor einem liegt, dafür ist Daniel Bieter und sein Team vom Rediroma-Verlag verantwortlich. Dankeschön!

Vom selben Autor im Rediroma-Verlag erschienen:

Manfred Breitinger
Sich erinnern und vergessen
Ein spätes Wiedersehen und eine Flusskreuzfahrt des Senioren Michael B.

Der an Alzheimer erkrankte Michael trifft seine Jugendliebe wieder und unternimmt mit ihr und der Physiotherapeutin eine Schiffskreuzfahrt auf der Donau. Eine heitere Geschichte, wenn auch die Konflikte, Missverständnisse mit Michaels Verhaltensweisen aufgrund seiner Alzheimer-Erkrankung immer wieder gelöst werden müssen.
Ein frischer, frecher Roman für alle, die sich mit dem Thema „Leben, Lieben und Demenz“ auf unterhaltsamer Weise auseinandersetzen wollen.